바바파파 스크랩북

스터디 다이어리

서문

공부가 재밌어지는 간단한 방법

만약에, 좋아하는 사람과 만나서 함께 놀기로 했는데 아무런 준비를 하지 않았다면 어떻게 될까요? 막상 만나긴 했지만 어디로 가야 할지, 무엇을 해야 할지, 아무것도 생각해둔 게 없다면 모처럼의 만남이 자칫 지루해질 겁니다.

공부도 마찬가지예요. 공부를 재미있게 하는 법은 의외로 간단합니다. 그것은 미리미리 잘 계획하는 것입니다. 좋은 계획이 있다면 실천하는 것은 생각보다 큰 힘이 들지 않거든요. 그런 사람은 어려운 공부도 수월하게 해낼 수 있게 됩니다. 만일 계획이 없으면 어떻게 될까요? 내가 해야 할 일이 분명하지 않으면 공부를 하고 있는 도중에도 불안해집니다. '언제까지 다 끝내야 하는 거지?' '다른 걸 먼저 해야 하는 게 아닌가?'라는 식으로 계속 잡생각이 듭니다. 그러면 하고 있는 공부가 재미있을 리 없지요.

반면 스터디 다이어리에 오늘 해야 할 일이 일목요연하게 정리되어 있으면 그런 불안이 말끔히 사라집니다. 모든 게 이미 계획되어 있으니, 내가 할 일은 이제 책을 펼쳐서 공부를 하는 것뿐이지요. 집중할 수 있게 되고, 공부가 재밌어집니다.

사실 공부를 하는 사람이라면 누구나 큰 어려움을 가지고 있는데, 그것은 '공부 시작하기'입니다. 일단 공부를 시작하고 나면 계속하는 건 어렵지 않은데, 처음에 책을 펴기까지가 너무나 고통스럽습니다. 그래서 나도 모르게 공부로부터 도망치고 싶어서, 핸드폰을 만지거나 친구들과 얘기하거나 놀게 되는 것이지요.

그런 증상을 말끔히 해결하는 간단한 방법을 제가 알려드리겠습니다. 그것은 '공부를 하러 가자!'고 마음먹지 말고, '스터디 다이어리를 꾸미러 가자!'고 생각하는 것입니다. 왜냐면 우리 머릿속에는 떼를 잘 쓰는 꼬마 아이가 있거든요.

이 아이는 '공부'라는 말만 들어도 "힘들어! 하기 싫어!"라고 소리치면서 울고불고 떼를 씁니다. 이럴 때는 "안 돼! 공부해야지?"라고 스스로를 다그쳐도 소용이 없습니다. 대신 그 아이가 재밌어할 만한 다른 이유를 대줘야 합니다. "그래? 그러면 공부 말고 스터디 다이어리 꾸미러 갈까? 그건 재밌으니까 괜찮지?"라고 생각하면 그 아이가 얌전해집니다. 그리고 일단 도서관에 가는 겁니다. 자리에 앉아서 스터디 다이어리를 좀 쓰다보면, 어느덧 공부하고 싶은 마음이 생깁니다. 왜냐면 사람은 누구나 계획을 세우는 그 순간에 의지가 불타오르거든요. 이때 공부를 시작하면 되는 겁니다.

이 스터디 다이어리는 공부하는 후배들을 위해 정성 들여 만들었습니다. 모든 도표나 항목, 그리고 배치에도 의도가 들어 있습니다. 다이어리를 쓰는 사람이 효율적으로 공부를 할 수 있도록 검증된 공부법과 학습 노하우를 곳곳에 반영하여 최적의 다이어리로 만들었습니다.

매달 새로운 마음으로 공부를 계획하도록 한 달 단위로 스터디 다이어리를 구성했습니다. 또한 한 주의 마지막에는 주간 평가를 하면서 스스로를 칭찬하고 개선할 부분을 생각하도록 만들었습니다. 쉬어가기 페이지도 있어서 여러분들이 재밌게 공부할 수 있도록 구성했습니다. 6개월 동안 매일매일 스터디 다이어리를 작성한다면, 여러분은 공부가 무척 재밌어지고 성적은 매우 가파르게 상승하게 될 것입니다.

참고로 말씀드리면, 다이어리의 캐릭터 바바파파는 이미 전 세계에서 40년 이상 꾸준히 사랑받아온 캐릭터입니다. 프랑스어로 '솜사탕'이라는 뜻의 바바파파는 귀여운 외모와 더불어 환경이나 가족과 같은 우리 사회의 가치에 대해서도 고민하고 이야기하는 품격 있는 캐릭터입니다. 바바파파는 여러분들이 지금부터 6개월 동안 미래를 계획하고 현재에 최선을 다하는 과정을 즐겁게 응원해줄 것입니다. 저 또한 중간중간 격려와 조언을 아끼지 않고 전해드리겠습니다. 자 그럼, 여러분. 이제 같이 달려봅시다! 고고!

성적의 터닝포인트가 될 절호의 기회,
방학을 앞둔 후배들에게 응원을 담아
박 철 범

스터디 다이어리
사용 가이드

스터디 다이어리는 6개월 분량으로 구성했습니다.
한 달 단위로 계획을 세울 수 있고, 하루 계획을 세세하게 짤 수 있게 만들었습니다.

6개월 주요 일정, 시간표

긴 여정을 시작하기 전, 앞으로의 일정을 계획해보도록 해요.
각종 시험 일정이나 중요한 행사 일정 등을 적어놓고, 미리 대비하는 습관을 길러보세요.

캘린더 플랜

새로운 달이 시작될 때마다 그 달의 중요한 일정을 적어보세요.
매주 어떤 요일에 어떤 공부를 할지, 어떤 플랜을 세울지 적어보세요.

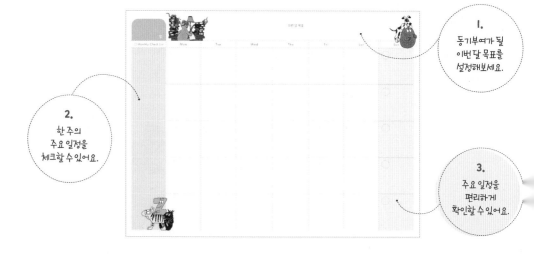

1.
동기부여가 될
이번 달 목표를
설정해보세요.

2.
한 주의
주요 일정을
체크할 수 있어요.

3.
주요 일정을
편리하게
확인할 수 있어요.

데일리 플랜

일주일 단위로 매일매일의 일정을 세세하고 촘촘하게 적어보세요.
흔들리는 마음을 단단하게 붙잡아줄 박철범 선생님의 공부 조언도 담겨 있어요.

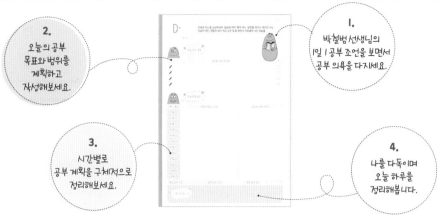

2.
오늘의 공부
목표와 범위를
계획하고
작성해보세요.

I.
박철범 선생님의
1일 1공부 조언을 보면서
공부 의욕을 다지세요.

3.
시간별로
공부 계획을 구체적으로
정리해보세요.

4.
나를 다독이며
오늘 하루를
정리해봅니다.

주간 평가

한 주가 끝날 때마다 등장하는 페이지입니다.
주간에 들었던 강좌도 체크하면서, 스스로를 칭찬하고 격려해주세요. 다짐하는 시간도 가져보세요.

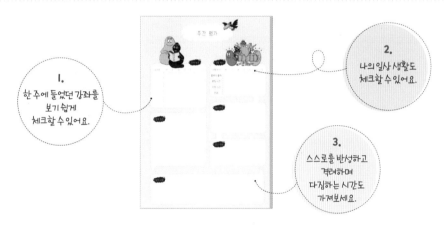

2.
나의 일상 생활도
체크할 수 있어요.

I.
한 주에 들었던 강좌를
보기 쉽게
체크할 수 있어요.

3.
스스로를 반성하고
격려하며
다짐하는 시간도
가져보세요.

쉬어가기 페이지

한달을 열심히 보내고 나면 보상처럼 등장하는 쉬어가기 페이지.
버킷리스트, 사다리 타기, 낙서장 등 휴식 시간에 짬짬이 써보면서 공부 스트레스를 날리세요.

나의 마음가짐

너의 최종목표는 무엇이니? 공부를 시작하기 전에 써보도록 하자.
슬럼프가 오는 것 같다면 여길 펴보자. 네 목표가 어떤 것이든 언제나 너를 응원할게.

나의 목표

나의 좌우명

지금 나의 모습

6개월 후 나의 모습

변화가 필요한 과목

현재	6개월 후

나의 롤 모델

내가 닮고 싶은 사람, 내가 되고 싶은 사람이 있니? 롤 모델이 있다는 건 목표가 뚜렷하다는 증거이기도 하지. 롤 모델이 없다면 지금부터 찾아보도록 하자.

롤 모델 사진 붙이기

"나의 롤 모델을 소개합니다!"

6개월 주요 일정

하루하루가 모여 만들어지는 삶, 중요한 일정을 미리 써두자!

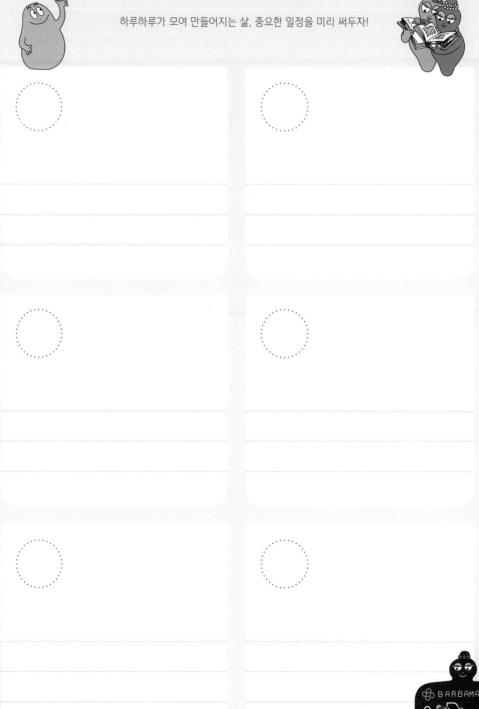

BARBAMAMA

	월	월	월	월	월	월
1						
2						
3						
4						
5						
6						
7						
8						
9						
10						
11						
12						
13						
14						
15						
16						
17						
18						
19						
20						
21						
22						
23						
24						
25						
26						
27						
28						
29						
30						
31						

나의 시간표

맨 앞자리에서 선생님과 눈을 마주치며 집중할 수 있도록 학교 수업 시간표를 써두자.

학교

시작	종료	월	화	수	목	금
: ~ :						
: ~ :						
: ~ :						
: ~ :						
: ~ :						
: ~ :						
: ~ :						
: ~ :						
: ~ :						
: ~ :						

방과 후

시작	종료	월	화	수	목	금
: ~ :						
: ~ :						
: ~ :						
: ~ :						
: ~ :						

Tip

수업을 100% 활용하는 4가지 비결

1 가급적 앞자리에 앉기
뒤에 앉으면 선생님의 눈에 띄지 않는다는 사실 때문에 긴장이 풀리면서 딴짓을 하고 수업 집중도가 떨어진다.

2 책이 아닌 선생님의 눈을 바라보기
수업 중 선생님이 진지한 표정을 지으며 강조하면, 100% 시험 출제로 이어진다. 이것을 놓치지 말자.

3 수업이 이해 안 되도 포기하지 말기
이해가 안 되는 설명이라도 최대한 집중해서 들어두면 다음에 혼자 공부할 때 무척 쉬워진다. 포기하지 말자.

4 상위권이면 여러 교재 펼쳐놓고 수업 듣기
수업의 내용이 쉽더라도 딴생각을 하지 말고 여러 교재를 참고하면서 수업을 폭넓게 들으면 앞서나갈 수 있다.

나의 일과표

매일 1cm씩 앞으로 나아가기 위해 도전하는 나만의 특별한 일과표를 그려보자.

24

18

6

12

"이것만은 꼭 지킨다! 원칙 세 가지"

1.

2.

3.

기본 자세

'공부는 자세'라는 말이 있다. 그 말의 진정한 뜻이 바로 이것이다. 억울함, 절박함을 가지고 있기에 남들이 끝났다고 외치는 순간, 5분 더 공부하자고 마음먹는 것이다. 그렇게 절박한 마음으로 공부를 하는 사람의 결과는 다를 수밖에 없다.

『박철범의 하루공부법 2』

계획 …

너무 꼼꼼한 계획은 공부에 독이 된다. 어차피 지켜지지 않는다. 차라리 이번 달, 이번 주, 오늘 할 것만 대강 정하고, 각 시간대별로 무엇을 할지는 기분 내키는 대로 하는 것이 낫다. 세밀하게 짠 일정은 공부가 싫어지는 주된 원인이 되기도 한다. 처음에는 하루 일과 중에서 하고 싶은 것 또는 해야 하는 것을 내키는 대로 공부한다. 공부가 익숙해지면 시간대별로 공부할 과목을 정한다. 이런 식으로 자기만의 습관을 만들어나가는 것이다.

밤늦게 공부하는 것보다 아침에 공부하는 것이 훨씬 능률적이며, 토요일은 그 주에 밀린 공부를 하기 위해 비워두는 것이 좋다. 일요일은 마음껏 휴식을 취한 후 일찍 잠드는 것이 좋은데, 그래야 다음 주에 열심히 공부할 수 있기 때문이다.

공부 순서 …

① 예습: 수업 시작 직전의 5분을 이용한다. 오늘 배울 내용을 기출문제나 문제집을 보면서 어떤 문제가 출제되고 있는지 살펴본다. 문제를 굳이 풀어볼 필요는 없고, 어떤 내용이 중요하게 다뤄지는지만 확인한다.

② 수업(기본서 보기): 기본이 되는 책을 정해서 기본서로 한다. 선생님이 설명하는 것 중에서 중요한 것들을 색깔별로 표시하면, 시험 직전 다시 볼 때 한눈에 들어온다.

③ 복습: 수업이 끝난 직후 5분을 이용해서 빈 연습장에 방금 배운 지식들을 자유롭게 한번 써 본다. 기억이 나지 않으면 그 즉시 책을 찾아서 확인하고 다음에 잊지 않도록 표시해둔다.

④ 암기: 수업시간에 배운 내용들 중에서 반드시 암기할 것들이 있으면 수첩이나 노트에 정리해서 자투리 시간을 활용하여 외운다.

⑤ 문제풀이: 배운 내용과 관련된 문제를 풀면서, 생각이 나지 않는 부분은 그 즉시 기본서를 뒤적여 찾아본다. 이렇게 찾게 된 부분은 취약한 부분이므로 시험 직전에 다시 볼 수 있도록 연필로 표시해둔다.

수업 …

수업을 잘 듣는 비결은 3가지다. ① 앞서 준비하고, ② 앞에 앉고, ③ 앞을 바라보는 것이다. 앞서 준비하라는 것은 짧게라도 예습을 하라는 말이다. 예습을 하면 수업 내용이 이해되고, 집중력은 훨씬 높아진다. 여건이 되는 한 최대한 앞에 앉아라. 눈앞에 선생님만 보여야 집중력 분산을 막을 수 있다. 또한 선생님이 설명할 때는, 선생님과 눈을 마주쳐야 한다. 설명하는 도중에 책을 보는 것은 잡생각을 하고 있거나 다른 공부를 하고 있다는 증거다. 선생님과 눈을 맞추면서 선생님의 말을 머릿속으로 빠르게 반복하면서 머릿속에 각인시켜야 한다.

복습 …

복습을 반복하는 과정이 공부다. 복습의 관건은 반복 횟수를 높여갈수록 보는 양을 줄이는 것이다. 예컨대, 처음에는 중요한 내용을 연필로 줄을 그으면서 본다. 연필로 줄을 긋는 부분이 다음에 복습할 내용이므로 신중하게 긋는다. 두 번째 복습할 때는 연필로 줄을 그은 부분만 보면서, 특히 머릿속에 잘 안 들어오는 부분은 까만색 볼펜으로 줄을 긋는다. 그리고 다음번 복습 때는 까만색 줄친 부분만 보면서 머릿속에 들어 있지 않은 정보나 필수 암기 사항 등을 빨간색 볼펜이나 형광펜을 사용해 표시한다. 이렇게 해서 시험 직전에는 빨간색, 또는 형광펜으로 표시된 부분만 공부할 수 있도록 준비하는 과정이 '복습'이다.

필기 …

예습을 하지 않으면 책에 있는 내용까지 필기하게 된다. 필기에 몰두하면 정작 수업의 내용을 이해하지 못하고, 나중에 다시 봐도 무슨 내용인지 알 수 없게 된다. 따라서 효율적인 필기의 첫 번째 원칙은 바로, 예습을 충실히 하는 것이다.

필기를 할 때는 여러 종류의 필기도구가 필요하다. 취향마다 다르겠지만, 나 같은 경우는 예습을 하면서 시험문제가 출제된 부분은 까만색 볼펜으로 표시를 했고, 수업시간에 선생님이 어려운 내용을 쉽게 설명하거나 부연하신 부분은 파란색으로, 중요하다고 강조했던 부분이나 목소리 톤이 높아졌던 부분은 빨간색으로, 시간을 오래 들여 설명하신 부분은 목차 옆에 별표를 쳐두었다. 그 외에 나 스스로 중요할 것 같다고 생각한 부분은 연필로 따로 줄을 그었다. 이렇게 종류별로 표시해두면 다시 반복할 때 큰 도움이 된다.

반복 …

짧은 시간 공부하면서도 효율을 최대로 끌어올리는 공부법이 바로 '반복'이다. 아직 머릿속에 정보가 남아 있을 때 반복을 해줘야 정보가 머릿속에 영구 저장된다. 그날 배운 부분에 해당하는 문제는 그날의 자습시간에 모두 끝내라. 그것이 최고의 반복 방법이다.

공부의
방법

공부 몰입 방법

눈앞에 있는 내용에 깊이 몰입하면서, 뭔가 알아간다는 느낌, 내가 발전하고 있다는 느낌을 느끼기 시작하면 그때부터는 책을 손에서 놓을 수가 없게 되고, 실력과 성적은 시간이 지나면서 따라오게 된다. 이것을 아는 것이 공부의 출발이다.

『박철범의 하루공부법 2』

집중 …

1시간 동안 60쪽을 보겠다고 목표를 잡는 것보다, 10분 동안 10쪽을 보겠다는 목표를 잡는 것이 집중력에 훨씬 도움이 된다. 몇 분만 지나면 마감 시간이 끝난다는 사실이 긴장감을 높여주기 때문이다. 공부 장소를 자신에게 맞는 곳으로 선택하는 것도 중요하다.

시끄러워서 집중이 안 된다며 조용한 곳만을 찾아다니는 것은 조금 지양해야 할 태도다. 일부러 시끄러운 곳을 찾아다닐 필요는 없지만, 어쩔 수 없는 상황이라면 환경을 탓하기보다는 그 상황에서도 어떻게든 집중하려는 노력이 집중력을 길러준다는 사실을 명심해야 한다. 집중력은 타고나는 것이 아니라, 훈련으로 만들어가는 것이다.

목표 …

원하는 대학교에 입학하거나 준비하고 있는 시험에 합격하는 것을 '꿈'이라 부를 수 있다면, 그에 비해 '목표'란 '한 시간 동안 문제집 몇십 쪽 보기'와 같은 구체적인 공부량을 의미한다. 공부의 원동력은 머나먼 꿈보다는 이런 구체적인 목표들이다.

만약 정해진 시간에 목표를 달성하지 못했다면 어떻게 해야 할까? 두 가지를 명심해라. 첫째, 다 못한 부분은 그냥 포기하고 다음으로 넘어가라. 남은 부분을 포기하는 것이 자신에게 주는 가장 가혹한 벌이기 때문이다. 또한 이 방법은 '한 시간 내로 다 못 보면 포기해야 한다!'라는 긴장감을 가지고 공부를 할 수 있게 도와준다. 둘째, 내일은 목표를 더 작게 잡아라. 목표는 해야 하는 것이 아니라 할 수 있는 것이다. 큰 목표를 세웠다가 달성하지 못해 좌절하는 것은 공부가 싫어지는 가장 흔한 길이다. 처음에는 작은 목표를 잡고, 성취감을 맛봐라. 그런 후에 점차 목표량을 늘려야 한다.

의욕 …

게임이 재미있는 이유는 노력에 대한 보상이 금방 눈에 나타나기 때문이다. 그러나 공부는 성과가 더디게 나타난다. 이것이 공부가 재미없는 이유 중 하나다. 이 재미없는 게임에서 결국 승자가 되는 사람은, 성과가 당장 눈에 보이지 않더라도 '참고 꾸준히 하는 사람'이다.

그럼 어떻게 하면 지겨운 공부의 과정을 참으면서 꾸준히 할 수 있을까? 몇 가지 방법이 있다. 우선 체력이다. 체력이 약하면 조금만 공부해도 쉽게 지치고 의욕을 잃게 된다. 또한 성과가 눈에 보이지 않으면 쉽게 지치는 성질 급한 사람들이 있다. 이들은 성과가 당장 눈에 보이는 유형의 공부를 하는 것이 의욕을 살리는 데 도움이 된다. 이런 유형은, 문제풀이 위주의 공부를 하면서 그날그날 자신의 점수를 내보는 것이 도움이 된다. 다만 틀린 문제는 기본서를 통해 철저히 내용을 파악하고 넘어가야 한다.

마음이 약해서 쉽게 불안해지는 사람들도 의욕을 쉽게 잃는다. 이 경우는 어려운 환경에서도 성공한 사람들의 합격 수기를 읽거나 가고 싶은 대학을 탐방해서 그곳의 선배들과 이야기해보는 것이 도움이 될 수 있다.

잡생각 …

공부할 때 드는 잡생각을 연습장에 한번 써보라. 모두 다 내가 경험한 일들이다. 즉 외계인이 쳐들어올 경우에 대피하는 법 따위가 아니라, 어제 본 텔레비전의 내용, 친구들과 놀았던 기억 등 내가 직접 경험한 것들이다. 그러니 잡생각을 줄이려면 생활을 단순하게 만드는 방법밖에는 없다.

생활을 단순하게 만들면 집중력에 큰 도움이 된다. 컴퓨터 게임도 하고, 텔레비전도 보고, 친구들과 노는 일도 빠지지 않으면서 공부할 때는 집중할 수 있기를 바라는 것은 욕심이다. 간혹 그렇게 할 수 있는 사람도 있지만, 그건 타고난 천재이기에 가능한 것이다. 평범한 사람들은, 정해진 시간에는 정해진 것만 하고 공부와 상관없는 것들은 시험이 끝난 후로 미루면서 최대한 단순한 삶을 유지하는 것이 공부할 때 잡생각이 들지 않는 비결이다.

휴식 …

사람의 머리는 마치 탄성이 있는 고무줄과도 같아서, 휴식 없이 공부만 하면 머리가 탄성을 잃어버리게 된다. 탄성을 잃어버리면 책을 읽어도 머릿속에 아무것도 남지 않는 현상이 발생한다. 휴식은 그런 일이 생기는 것을 방지해준다.

그러나 휴식이 지나치게 강렬하거나, 휴식 시간이 길어지면 다시 마음을 다잡고 공부하기가 힘들 때가 많다. 따라서 공부와 공부 사이의 휴식은 10분을 넘기지 않는 것이 좋다. 그때는 잠시 걷는 정도의 가벼운 운동이 휴식으로 가장 좋다. 만약 몸을 움직일 필요를 못 느낀다면, 가벼운 독서나 쉬운 과목의 공부로 휴식을 대신하는 것도 좋다.

□ Monthly Check List	Mon	Tue	Wed
	◯	◯	◯
	◯	◯	◯
	◯	◯	◯
	◯	◯	◯
	◯	◯	◯

이번 달 목표 _____

Thu	Fri	Sat	Sun
◯	◯	◯	◯
◯	◯	◯	◯
◯	◯	◯	◯
◯	◯	◯	◯
◯	◯	◯	◯

D-

미래의 자신을 상상해보라. 일상에 매여 '해야 하는 일'만을 하면서 억지로 사는 모습이 아닌, 정말로 내가 '하고 싶은 일'을 하면서 자유롭게 사는 모습을.

오늘 공부 계획

공부할 내용 및 범위	V
	☐
	☐
	☐
	☐

오늘 공부 일지

시작	종료	나만의 학습 시간표	결과 및 대책 세우기
: ~ :			
: ~ :			
: ~ :			
: ~ :			
: ~ :			
: ~ :			
: ~ :			
: ~ :			
: ~ :			
: ~ :			
: ~ :			

예상 공부 시간	:	실제 공부 시간	:	목표 달성 점수	0 25 50 75 100

나를 칭찬합니다

D-

화요일

우리가 고민해야 할 것은 단 하나, 하늘이 누구에게나 똑같이 선물로 준 '하루'라
는 시간을 얼마나 충실하게 보낼 것인가 하는 것뿐이다.

오늘 공부 계획

공부할 내용 및 범위	V
	☐
	☐
	☐
	☐

오늘 공부 일지

시작	종료	나만의 학습 시간표	결과 및 대책 세우기
:	~ :		
:	~ :		
:	~ :		
:	~ :		
:	~ :		
:	~ :		
:	~ :		
:	~ :		
:	~ :		
:	~ :		
:	~ :		
:	~ :		

예상 공부 시간	:	실제 공부 시간	:	목표 달성 점수	0 25 50 75 100

나를 칭찬합니다

D-

수요일

태양이 뜰 때 열정으로 시작되는 하루는, 별이 뜨면서 보람과 반성으로 마무리된다. 남들과는 다른 하루를 사는 사람은, 재능 혹은 머리로는 따라잡을 수 없는 탁월한 성과를 만들어낼 수 있다.

 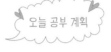 오늘 공부 계획

공부할 내용 및 범위	V
	☐
	☐
	☐
	☐

 오늘 공부 일지

시작	종료	나만의 학습 시간표	결과 및 대책 세우기
: ~ :			
: ~ :			
: ~ :			
: ~ :			
: ~ :			
: ~ :			
: ~ :			
: ~ :			
: ~ :			
: ~ :			
: ~ :			

예상 공부 시간	:	실제 공부 시간	:	목표 달성 점수	0	25	50	75	100

나를 칭찬합니다

D-

목요일

내가 공부를 시작하게 된 이유는 단순했다. 그냥 나를 좀 바꿔보고 싶었다. 내가 어디까지 할 수 있는 놈인지, 나는 그 한계를 시험해보고 싶었다.

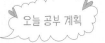

오늘 공부 계획

공부할 내용 및 범위	V
	☐
	☐
	☐
	☐

오늘 공부 일지

시작	종료	나만의 학습 시간표	결과 및 대책 세우기
: ~ :			
: ~ :			
: ~ :			
: ~ :			
: ~ :			
: ~ :			
: ~ :			
: ~ :			
: ~ :			
: ~ :			
: ~ :			
: ~ :			

| 예상 공부 시간 | : | 실제 공부 시간 | : | 목표 달성 점수 | 0 25 50 75 100 |

나를 칭찬합니다

D-

금요일

'진짜 제대로 된' 공부를 할 줄 아는 학생들은 자유시간이 주어지면 당연하다는 듯이 '자신만의 공부'를 한다. 자투리 시간을 활용하도록 만드는 원동력은 '남들보다 조금만 더 적극적으로 하루를 보내자'는 마음이다.

오늘 공부 계획

공부할 내용 및 범위	✓
	☐
	☐
	☐
	☐

오늘 공부 일지

시작	종료	나만의 학습 시간표	결과 및 대책 세우기
: ~ :			
: ~ :			
: ~ :			
: ~ :			
: ~ :			
: ~ :			
: ~ :			
: ~ :			
: ~ :			
: ~ :			
: ~ :			
: ~ :			

예상 공부 시간 :　　　　실제 공부 시간 :　　　　목표 달성 점수 0　25　50　75　100

나를 칭찬합니다

D-

토요일

일단 아침에 눈을 뜨면 1분 1초 매 순간을 집중해서, 마치 '폭풍이 몰아치듯' 공부를 해라. 잠을 푹 자지 않으면 버틸 수 없을 정도로, 낮에 밀도 있게 공부하라!

오늘 공부 계획

공부할 내용 및 범위	V
	☐
	☐
	☐
	☐

오늘 공부 일지

시작	종료	나만의 학습 시간표	결과 및 대책 세우기
: ~ :			
: ~ :			
: ~ :			
: ~ :			
: ~ :			
: ~ :			
: ~ :			
: ~ :			
: ~ :			
: ~ :			
: ~ :			

예상 공부 시간	:	실제 공부 시간	:	목표 달성 점수 0

나를 칭찬합니다

D-

일요일

제대로 공부하는 하루는 제대로 자는 것으로부터 시작된다고 나는 믿는다. 하루 공부의 질은 전날 얼마나 숙면을 했는지에 따라 결정되기 때문이다. 잠을 자는 순간부터 새로운 하루가 시작된다.

오늘 공부 계획

공부할 내용 및 범위	V
	☐
	☐
	☐
	☐

오늘 공부 일지

시작	종료	나만의 학습 시간표	결과 및 대책 세우기
: ~ :			
: ~ :			
: ~ :			
: ~ :			
: ~ :			
: ~ :			
: ~ :			
: ~ :			
: ~ :			
: ~ :			
: ~ :			
: ~ :			

예상 공부 시간   :   실제 공부 시간   :   목표 달성 점수 0   25   50   75   100

나를 칭찬합니다

주간 평가

 강좌 체크

강좌명	M	T	W	T	F	S	S

생활 체크

생활방식	M	T	W	T	F	S	S
플래너 출석							
취침 시간							
기상 시간							
운동							

 셀프 반성

 셀프 칭찬

셀프 격려

 셀프 다짐

D-

월요일

내가 아침에 공부를 해보니, 능률도 능률이지만 마음자세가 달라졌다. 아침에 그렇게 30분이라도 공부를 하고 학교로 출발하는 사람의 하루는 다를 수밖에 없다.

오늘 공부 계획

공부할 내용 및 범위	V
	☐
	☐
	☐
	☐

오늘 공부 일지

시작	종료	나만의 학습 시간표	결과 및 대책 세우기
: ~ :			
: ~ :			
: ~ :			
: ~ :			
: ~ :			
: ~ :			
: ~ :			
: ~ :			
: ~ :			
: ~ :			
: ~ :			

예상 공부 시간	:	실제 공부 시간	:	목표 달성 점수	0 25 50 75 100

나를 칭찬합니다

D-

공부는 어느 정도의 긴장감을 가지고 해야 되는데 앞자리에 앉으면 저절로 그렇게 된다. 수업을 제대로 듣는 것의 첫 단계는 수업시간에 무조건 앞을 보는 것이라고 생각한다.

오늘 공부 계획

공부할 내용 및 범위	V
	☐
	☐
	☐
	☐

오늘 공부 일지

시작	종료	나만의 학습 시간표	결과 및 대책 세우기
:	~ :		
:	~ :		
:	~ :		
:	~ :		
:	~ :		
:	~ :		
:	~ :		
:	~ :		
:	~ :		
:	~ :		
:	~ :		

예상 공부 시간	:	실제 공부 시간	:	목표 달성 점수	0 25 50 75 100

나를 칭찬합니다

D-

수요일

암기를 잘하고 싶다면 무조건 반복해서 입으로 중얼거리고, 반복해서 손으로 써야 한다. 암기는 머리가 아니라 입과 손으로 해야 한다.

오늘 공부 계획

공부할 내용 및 범위	V
	☐
	☐
	☐
	☐

오늘 공부 일지

시작	종료	나만의 학습 시간표	결과 및 대책 세우기
: ~ :			
: ~ :			
: ~ :			
: ~ :			
: ~ :			
: ~ :			
: ~ :			
: ~ :			
: ~ :			
: ~ :			
: ~ :			

예상 공부 시간	:	실제 공부 시간	:	목표 달성 점수	0 25 50 75 100

나를 칭찬합니다

D-

공부에 대한 열정에 조금씩 불이 붙기 시작한 것은 결국 뭔가 달라지고 싶었기 때문이다. 평범하게 그저 흘러가는 삶에 왠지 지겨움을 느끼기 시작할 무렵, 나는 과거의 나와 달라지고 싶었다.

오늘 공부 계획

공부할 내용 및 범위	V
	☐
	☐
	☐
	☐

오늘 공부 일지

시작	종료	나만의 학습 시간표	결과 및 대책 세우기
: ~ :			
: ~ :			
: ~ :			
: ~ :			
: ~ :			
: ~ :			
: ~ :			
: ~ :			
: ~ :			
: ~ :			
: ~ :			
: ~ :			

예상 공부 시간	:	실제 공부 시간	:	목표 달성 점수

나를 칭찬합니다

D-

어찌 보면 공부를 잘하는 요령이란, 공부를 얼마나 더 열심히 하는가가 아니라,
공부 외의 것을 얼마나 안 하는가에 달려 있는 것 같기도 하다.

오늘 공부 계획

공부할 내용 및 범위	V
	☐
	☐
	☐
	☐

오늘 공부 일지

시작	종료	나만의 학습 시간표	결과 및 대책 세우기
:	~ :		
:	~ :		
:	~ :		
:	~ :		
:	~ :		
:	~ :		
:	~ :		
:	~ :		
:	~ :		
:	~ :		
:	~ :		

예상 공부 시간	:	실제 공부 시간	:	목표 달성 점수	0 25 50 75 100

나를 칭찬합니다

D-

토요일

남들과 다른 인생이라는 것도, 결국에는 남들과 다른 하루로부터 시작되는 것 같다. 그저 어제보다 조금 더 노력하고, 어제보다 조금 더 알차게 보내려 발버둥 치는 그런 하루가 성과를 만들어내는 것이 아닐까?

오늘 공부 계획

공부할 내용 및 범위	V
	☐
	☐
	☐
	☐

오늘 공부 일지

시작	종료	나만의 학습 시간표	결과 및 대책 세우기
: ~ :			
: ~ :			
: ~ :			
: ~ :			
: ~ :			
: ~ :			
: ~ :			
: ~ :			
: ~ :			
: ~ :			
: ~ :			
: ~ :			

예상 공부 시간 : 실제 공부 시간 : 목표 달성 점수 : 0   25   50   75   100

나를 칭찬합니다

D-

일요일

스스로 공부한다는 것은 단순히 학원이나 과외를 끊고 방에 틀어박힌다는 말이 아니라, 사교육을 이용하더라도 내가 주도한다는 말이다. 부모가 시키는 순간 그건 스스로 하는 공부가 아니게 된다.

오늘 공부 계획

공부할 내용 및 범위	V
	☐
	☐
	☐
	☐

오늘 공부 일지

시작 종료	나만의 학습 시간표	결과 및 대책 세우기
: ~ :		
: ~ :		
: ~ :		
: ~ :		
: ~ :		
: ~ :		
: ~ :		
: ~ :		
: ~ :		
: ~ :		
: ~ :		
: ~ :		

| 예상 공부 시간 | : | 실제 공부 시간 | : | 목표 달성 점수 | 0 25 50 75 100 |

나를 칭찬합니다

주간 평가

생활 체크

강좌명	M	T	W	T	F	S	S

생활방식	M	T	W	T	F	S	S
플래너 출석							
취침 시간							
기상 시간							
운동							

셀프 반성

셀프 칭찬

셀프 격려

셀프 다짐

D-

월요일

나는 답안지의 설명이 납득되지 않을 때는 내 논리를 버리고 마음을 열고 문제와 해설을 열 번, 백 번 계속 반복해서 읽었다.

오늘 공부 계획

공부할 내용 및 범위	V
	☐
	☐
	☐
	☐

오늘 공부 일지

시작	종료	나만의 학습 시간표	결과 및 대책 세우기
: ~ :			
: ~ :			
: ~ :			
: ~ :			
: ~ :			
: ~ :			
: ~ :			
: ~ :			
: ~ :			
: ~ :			
: ~ :			
: ~ :			

예상 공부 시간 :	실제 공부 시간 :	목표 달성 점수 0 25 50 75 100

나를 칭찬합니다

D-

스스로 목표를 정하고 그것을 달성했을 때의 보상을 정해놓고 공부하는 것은, 해 본 사람만 알 수 있는 공부의 즐거움 중 하나다.

 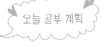 

오늘 공부 계획

공부할 내용 및 범위	V
	☐
	☐
	☐
	☐

오늘 공부 일지

시작	종료	나만의 학습 시간표	결과 및 대책 세우기
: ~ :			
: ~ :			
: ~ :			
: ~ :			
: ~ :			
: ~ :			
: ~ :			
: ~ :			
: ~ :			
: ~ :			
: ~ :			

예상 공부 시간	:	실제 공부 시간	:	목표 달성 점수	0 25 50 75 100

나를 칭찬합니다

D-

수요일

'저 앞에 있는 나무까지만 가자'라는 식으로 목표를 잡으면 그만큼 의욕을 상승
시킬 수 있다. 저기 앞에 있는 나무까지, 거기에 도착하면 또 다른 나무까지. 그러
면 어느새 나는 정상에 와 있게 된다.

 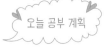 오늘 공부 계획

공부할 내용 및 범위	V
	☐
	☐
	☐
	☐

 오늘 공부 일지

시작	종료	나만의 학습 시간표	결과 및 대책 세우기
: ~ :			
: ~ :			
: ~ :			
: ~ :			
: ~ :			
: ~ :			
: ~ :			
: ~ :			
: ~ :			
: ~ :			
: ~ :			
: ~ :			

예상 공부 시간	:	실제 공부 시간	:	목표 달성 점수

나를 칭찬합니다

D-

목요일

내가 바꿀 수 없는 상황이라 판단되면 그것에서 눈을 돌려 내가 정한 목표만 바라보려고 순간마다 애를 썼다. 공부란 슬럼프와 싸우는 과정이다.

오늘 공부 계획

공부할 내용 및 범위	V
	☐
	☐
	☐
	☐

오늘 공부 일지

시작	종료	나만의 학습 시간표	결과 및 대책 세우기
: ~ :			
: ~ :			
: ~ :			
: ~ :			
: ~ :			
: ~ :			
: ~ :			
: ~ :			
: ~ :			
: ~ :			
: ~ :			
: ~ :			

예상 공부 시간	:	실제 공부 시간	:	목표 달성 점수	25 50 75

나를 칭찬합니다

D-

금요일

때로는 공부에도 변화를 주는 것이 좋다. 일종의 공부를 위한 '하루 이벤트'를 여는 것이다. 가끔씩 날을 잡아 모의고사를 풀어보면, 정확한 내 실력도 알 수 있게 되고 매너리즘에 빠진 마음에 긴장감을 불어넣을 수 있게 된다.

오늘 공부 계획

공부할 내용 및 범위	V
	☐
	☐
	☐
	☐

오늘 공부 일지

시작	종료	나만의 학습 시간표	결과 및 대책 세우기
: ~ :			
: ~ :			
: ~ :			
: ~ :			
: ~ :			
: ~ :			
: ~ :			
: ~ :			
: ~ :			
: ~ :			
: ~ :			

예상 공부 시간 :   실제 공부 시간 :   목표 달성 점수 0 25 50 75 100

나를 칭찬합니다

D-

토요일

나는 공부가 힘에 부칠 때마다 합격 수기나 성공스토리들을 즐겨 읽었다. 나보다 공부라는 길을 먼저 걸어본 사람들의 경험을 들어보는 것만큼 훌륭한 동기부여도 없는 것 같다.

오늘 공부 계획

공부할 내용 및 범위	V
	☐
	☐
	☐
	☐

오늘 공부 일지

시작	종료	나만의 학습 시간표	결과 및 대책 세우기
:	~ :		
:	~ :		
:	~ :		
:	~ :		
:	~ :		
:	~ :		
:	~ :		
:	~ :		
:	~ :		
:	~ :		
:	~ :		
:	~ :		

예상 공부 시간	:	실제 공부 시간	:	목표 달성 점수	0　25　50　75　100

나를 칭찬합니다

D-

일요일

남들과는 다른, 빠른 성장을 위해서는 끊임없는 동기부여를 통해 의욕이 100% 충전된 상태에서 공부를 하는 것이 필수다.

오늘 공부 계획

공부할 내용 및 범위	V
	☐
	☐
	☐
	☐

오늘 공부 일지

시작	종료	나만의 학습 시간표	결과 및 대책 세우기
:	~ :		
:	~ :		
:	~ :		
:	~ :		
:	~ :		
:	~ :		
:	~ :		
:	~ :		
:	~ :		
:	~ :		
:	~ :		

예상 공부 시간	:	실제 공부 시간	:	목표 달성 점수	0 25 50 75 100

오늘 나를 칭찬합니다

주 간 평 가

강좌명	M	T	W	T	F	S	S

생활 체크

생활방식	M	T	W	T	F	S	S
플래너 출석							
취침 시간							
기상 시간							
운동							

 셀프 반성

 셀프 칭찬

 셀프 격려

 셀프 다짐

D-

월요일

실력을 올리는 가장 빠른 비결은 그렇게 문제를 풀면서 드는 의문을 바로바로 적어놓고, 점수를 매긴 후 반드시 해결하는 습관에 있다.

 오늘 공부 계획

공부할 내용 및 범위	V
	☐
	☐
	☐
	☐

오늘 공부 일지

시작	종료	나만의 학습 시간표	결과 및 대책 세우기
: ~ :			
: ~ :			
: ~ :			
: ~ :			
: ~ :			
: ~ :			
: ~ :			
: ~ :			
: ~ :			
: ~ :			
: ~ :			
: ~ :			

예상 공부 시간 :	실제 공부 시간 :	목표 달성 점수 0 25 50 75 100

나를 칭찬합니다

D-

화요일

나는 틀린 문제를 두 번째 볼 때 몇 분이고 뚫어져라 쳐다보면서 오답인 이유와 정답인 이유를 계속 머릿속에 되뇌었다.

오늘 공부 계획

공부할 내용 및 범위	V
✏	☐
✏	☐
✏	☐
✏	☐

오늘 공부 일지

시작	종료	나만의 학습 시간표	결과 및 대책 세우기
: ~ :			
: ~ :			
: ~ :			
: ~ :			
: ~ :			
: ~ :			
: ~ :			
: ~ :			
: ~ :			
: ~ :			
: ~ :			
: ~ :			

예상 공부 시간	:	실제 공부 시간	:	목표 달성 점수	0 25 50 75 100

나를 칭찬합니다

D-

수요일

무언가에 열정을 가지고 노력하면 자아를 실현할 수 있는 기회를 가질 수 있다. 공부를 잘하면 특별해진다. 당신은 그만큼 자유로워지고, 인생에 대한 선택의 폭도 넓어진다.

 오늘 공부 계획

공부할 내용 및 범위	V
	☐
	☐
	☐
	☐

 오늘 공부 일지

시작	종료	나만의 학습 시간표	결과 및 대책 세우기
: ~ :			
: ~ :			
: ~ :			
: ~ :			
: ~ :			
: ~ :			
: ~ :			
: ~ :			
: ~ :			
: ~ :			
: ~ :			
: ~ :			

예상 공부 시간	:	실제 공부 시간	:	목표 달성 점수	0　25　50　75　100

나를 칭찬합니다

D-

목요일

한번 해보자고 다짐을 하니, 어려운 집안 환경에 대한 핑계와 초라한 기본 실력에 대한 푸념들이 거짓말처럼 사라졌다. 공부를 잘하고 싶다는 내 안의 욕망을 똑바로 바라보니, 모든 것이 바뀌기 시작했다.

오늘 공부 계획

공부할 내용 및 범위	V
	☐
	☐
	☐
	☐

오늘 공부 일지

시작	종료	나만의 학습 시간표	결과 및 대책 세우기
:	~ :		
:	~ :		
:	~ :		
:	~ :		
:	~ :		
:	~ :		
:	~ :		
:	~ :		
:	~ :		
:	~ :		
:	~ :		
:	~ :		

예상 공부 시간 :	실제 공부 시간 :	목표 달성 점수 0 25 50 75 100

나를 칭찬합니다

D-

금요일

성적을 올리기 위해 필요한 모든 것은 이미 나에게 있었다. 단지 깨닫지 못하고 있었을 뿐. 내게 필요했던 것은 좋은 환경이 아니라 내 안에 잠재되어 있는 무엇을 발견하는 것이었다.

오늘 공부 계획

공부할 내용 및 범위	V
	☐
	☐
	☐
	☐

오늘 공부 일지

시작	종료	나만의 학습 시간표	결과 및 대책 세우기
: ~ :			
: ~ :			
: ~ :			
: ~ :			
: ~ :			
: ~ :			
: ~ :			
: ~ :			
: ~ :			
: ~ :			
: ~ :			
: ~ :			

예상 공부 시간	:	실제 공부 시간	:	목표 달성 점수	0 25 50 75 100

나를 칭찬합니다

내 필통은 마치 도라에몽의 주머니처럼 만물상점이었다. 공부를 하면서 내 집중을 방해하는 것이 있다면, 그것을 제거하기 위해 필요한 것들을 미리 준비해놓으라는 말이다.

 오늘 공부 계획

공부할 내용 및 범위	V
	☐
	☐
	☐
	☐

 오늘 공부 일지

시작 종료	나만의 학습 시간표	결과 및 대책 세우기
: ~ :		
: ~ :		
: ~ :		
: ~ :		
: ~ :		
: ~ :		
: ~ :		
: ~ :		
: ~ :		
: ~ :		
: ~ :		
: ~ :		

| 예상 공부 시간 | : | 실제 공부 시간 | : | 목표 달성 점수 | 0 25 50 75 100 |

나를 칭찬합니다

D-

일요일

암기를 잘하려면 우선 자신의 기억력에 대해 자신감을 가져야 한다. 몇 번이고 반복해서 외우면 결국 외워질 것이라는 마음으로 달려들어야 한다. 자신감이 생기면 잠들어 있던 머리가 깨어나 암기 실력이 훨씬 좋아진다.

오늘 공부 계획

공부할 내용 및 범위	V
	☐
	☐
	☐
	☐

오늘 공부 일지

시작	종료	나만의 학습 시간표	결과 및 대책 세우기
: ~ :			
: ~ :			
: ~ :			
: ~ :			
: ~ :			
: ~ :			
: ~ :			
: ~ :			
: ~ :			
: ~ :			
: ~ :			
: ~ :			

예상 공부 시간 :   실제 공부 시간 :   목표 달성 점수 0 25 50 75 100

나를 칭찬합니다

주간 평가

강좌 체크

강좌명	M	T	W	T	F	S	S

생활 체크

생활방식	M	T	W	T	F	S	S
플래너 출석							
취침 시간							
기상 시간							
운동							

셀프 반성

셀프 칭찬

셀프 격려

셀프 다짐

BARBAPAPA

나의 버킷리스트

시험이 끝나고 해보고 싶은 것들, 가보고 싶은 곳들, 내가 하고 싶은 리스트들을 적어보자. 생각날 때마다 하나씩 적다보면 스트레스도 날아갈 거야.

No.	List	V

No.	List	V

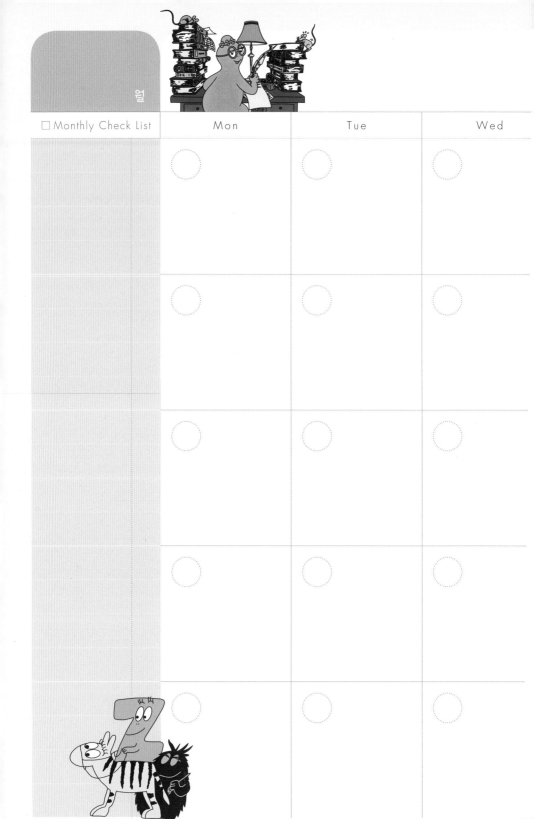

□ Monthly Check List	Mon	Tue	Wed

이번 달 목표 _____

_____

Thu	Fri	Sat	Sun
◯	◯	◯	◯
◯	◯	◯	◯
◯	◯	◯	◯
◯	◯	◯	◯
◯	◯	◯	◯

D-

월요일

남들이 깜짝 놀랄 만한 깊은 사고력은 오히려 '반복적인' 학습에서 나오는 법이다. 반복 학습이 사고의 여유를 가져다주면서, 좀 더 세밀한 관찰을 가능하게 하고, 처음에는 몰랐던 작은 부분까지 볼 수 있게 한다.

오늘 공부 계획

공부할 내용 및 범위	V
	☐
	☐
	☐
	☐

오늘 공부 일지

시작	종료	나만의 학습 시간표	결과 및 대책 세우기
: ~ :			
: ~ :			
: ~ :			
: ~ :			
: ~ :			
: ~ :			
: ~ :			
: ~ :			
: ~ :			
: ~ :			
: ~ :			

예상 공부 시간	실제 공부 시간	목표 달성 점수	0	25	50	75	100

 나를 칭찬합니다

D-

화요일

계획표가 지켜지지 않는 것은, 자기 자신을 고려하지 않고 내가 공부해야 할 것만 생각하기 때문이다. 계획표에서 중요한 것은 공부해야 할 것이 아니라 스스로의 감정 조절이다.

 오늘 공부 계획

공부할 내용 및 범위	V
	☐
	☐
	☐
	☐

 오늘 공부 일지

시작	종료	나만의 학습 시간표	결과 및 대책 세우기
: ~ :			
: ~ :			
: ~ :			
: ~ :			
: ~ :			
: ~ :			
: ~ :			
: ~ :			
: ~ :			
: ~ :			
: ~ :			

예상 공부 시간	실제 공부 시간	목표 달성 점수

나를 칭찬합니다

D-

수요일

가벼운 운동도 좋은 휴식방법이다. 운동을 하고 나면 흘러내리는 땀과 함께 하루 종일 따라다니던 잡념이 사라지는 경우가 많다.

오늘 공부 계획

공부할 내용 및 범위	V
	☐
	☐
	☐
	☐

오늘 공부 일지

시작	종료	나만의 학습 시간표	결과 및 대책 세우기
: ~ :			
: ~ :			
: ~ :			
: ~ :			
: ~ :			
: ~ :			
: ~ :			
: ~ :			
: ~ :			
: ~ :			
: ~ :			
: ~ :			

예상 공부 시간	실제 공부 시간	목표 달성 점수 0　25　50　75　100

 나를 칭찬합니다

D-

목요일

공부가 잘될 때까지 기다리면 평생 공부를 못한다. 일단 공부를 시작하라. 공부하다가 집중이 되면 좋은 거고, 안 되면 집중하는 척이라도 하면서 계속하라. 머지않아 자신도 모르게 집중하게 된다.

오늘 공부 계획

공부할 내용 및 범위	V
	☐
	☐
	☐
	☐

오늘 공부 일지

시작	종료	나만의 학습 시간표	결과 및 대책 세우기
:	~ :		
:	~ :		
:	~ :		
:	~ :		
:	~ :		
:	~ :		
:	~ :		
:	~ :		
:	~ :		
:	~ :		

예상 공부 시간	실제 공부 시간	목표 달성 점수

나를 칭찬합니다

D-

금요일

공부를 하다보니 지겨워서 도저히 머리가 안 돌아간다면 미련하게 계속 앉아 있을 필요가 없다. 그렇다고 놀기도 불안하다면 공부의 스타일을 바꿔주는 것만으로 간단하게 의욕이 되살아나기도 한다.

오늘 공부 계획

공부할 내용 및 범위	V
✎	☐
✎	☐
✎	☐
✎	☐

오늘 공부 일지

시작	종료	나만의 학습 시간표	결과 및 대책 세우기
: ~ :			
: ~ :			
: ~ :			
: ~ :			
: ~ :			
: ~ :			
: ~ :			
: ~ :			
: ~ :			
: ~ :			
: ~ :			
: ~ :			

예상 공부 시간	실제 공부 시간	목표 달성 점수	0 25 50 75 100

나를 칭찬합니다

D-

공부의 재미란 모르는 것을 알 때 생기는 법이다. 즉, 공부가 재미있으려면 '궁금해하는 것'이 있어야 한다.

오늘 공부 계획

공부할 내용 및 범위	V
	☐
	☐
	☐
	☐

오늘 공부 일지

시작	종료	나만의 학습 시간표	결과 및 대책 세우기
: ~ :			
: ~ :			
: ~ :			
: ~ :			
: ~ :			
: ~ :			
: ~ :			
: ~ :			
: ~ :			
: ~ :			
: ~ :			

예상 공부 시간	실제 공부 시간	목표 달성 점수 0 25 50 75 100

나를 칭찬합니다

D-
일요일

친구들과 나를 비교하지 않고 내가 가지고 있는 가능성에만 집중하는 것, 그리고 내가 할 수 있는 일에만 몰입하는 것이 진정한 공부의 능력이다.

오늘 공부 계획

공부할 내용 및 범위	V
	☐
	☐
	☐
	☐

오늘 공부 일지

시작	종료	나만의 학습 시간표	결과 및 대책 세우기
: ~ :			
: ~ :			
: ~ :			
: ~ :			
: ~ :			
: ~ :			
: ~ :			
: ~ :			
: ~ :			
: ~ :			
: ~ :			
: ~ :			

예상 공부 시간	실제 공부 시간	목표 달성 점수 0 25 50 75 100

나를 칭찬합니다

주 간 평 가

 강좌 체크

강좌명	M	T	W	T	F	S	S

생활 체크

생활방식	M	T	W	T	F	S	S
플래너 출석							
취침 시간							
기상 시간							
운동							

 셀프 반성

 셀프 칭찬

 셀프 격려

 셀프 다짐

D-

월요일

시험을 준비하고 치르는 과정에서 보여준 그 사람의 정직함과 성실함이 그 사람의 삶을 좌우한다. 공부라는 길은 내가 준비한 만큼 받겠다는 정직한 마음을 가진 사람이 결국 승리하는 것이다.

오늘 공부 계획

공부할 내용 및 범위	V
	☐
	☐
	☐
	☐

오늘 공부 일지

시작	종료	나만의 학습 시간표	결과 및 대책 세우기
: ~ :			
: ~ :			
: ~ :			
: ~ :			
: ~ :			
: ~ :			
: ~ :			
: ~ :			
: ~ :			
: ~ :			
: ~ :			
: ~ :			

예상 공부 시간	실제 공부 시간	목표 달성 점수 0 25 50 75 100

나를 칭찬합니다

D-

화요일

이해가 안 되던 부분이 갑자기 이해됐을 때의 기쁨은 공부가 주는 큰 재미 가운데 하나다. 반대로 이해를 못했는데도 불구하고 '이건 그냥 외워두자'는 식으로 넘어 가버리면 공부가 정말 재미없어진다.

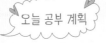 오늘 공부 계획

공부할 내용 및 범위	V
	☐
	☐
	☐
	☐

 오늘 공부 일지

시작	종료	나만의 학습 시간표	결과 및 대책 세우기
: ~ :			
: ~ :			
: ~ :			
: ~ :			
: ~ :			
: ~ :			
: ~ :			
: ~ :			
: ~ :			
: ~ :			
: ~ :			

예상 공부 시간	실제 공부 시간	목표 달성 점수	0 25 50 75 100

나를 칭찬합니다

D-

수요일

공부가 힘들어서 다른 길로 도망쳐온 학생들은 힘들어지면 또 다른 길로 도망치기 마련이다. 반면에 공부에 최선을 다했던 사람은, 성실함과 도전 정신이 몸에 배어 있고, 그 자세 그대로 맡은 일에 최선을 다한다.

오늘 공부 계획

공부할 내용 및 범위	V
	☐
	☐
	☐
	☐

오늘 공부 일지

시작	종료	나만의 학습 시간표	결과 및 대책 세우기
: ~ :			
: ~ :			
: ~ :			
: ~ :			
: ~ :			
: ~ :			
: ~ :			
: ~ :			
: ~ :			
: ~ :			
: ~ :			

예상 공부 시간	실제 공부 시간	목표 달성 점수	0 25 50 75 100

나를 칭찬합니다

괜찮은 학교에 들어갔다고 무조건 성공하던 시절은 이미 끝났다. 열심히 하는 사람은 원해서 하는 사람을 이길 수 없다.

오늘 공부 계획

공부할 내용 및 범위	V
	☐
	☐
	☐
	☐

오늘 공부 일지

시작	종료	나만의 학습 시간표	결과 및 대책 세우기
:	~ :		
:	~ :		
:	~ :		
:	~ :		
:	~ :		
:	~ :		
:	~ :		
:	~ :		
:	~ :		
:	~ :		
:	~ :		

예상 공부 시간	실제 공부 시간	목표 달성 점수	0 25 50 75 100

나를 칭찬합니다

D-

금요일

진로 문제는 '얼마나 열심히'가 중요한 것이 아니라 '어떤 방향으로'가 중요한 것이고, 결국 자기 자신을 들여다봐야만 알 수 있는 것이다.

 오늘 공부 계획

공부할 내용 및 범위	V
✎	☐
✎	☐
✎	☐
✎	☐

 오늘 공부 일지

시작	종료	나만의 학습 시간표	결과 및 대책 세우기
: ~ :			
: ~ :			
: ~ :			
: ~ :			
: ~ :			
: ~ :			
: ~ :			
: ~ :			
: ~ :			
: ~ :			
: ~ :			
: ~ :			

예상 공부 시간	실제 공부 시간	목표 달성 점수	0 25 50 75 100

나를 칭찬합니다

D-

토요일

시간관리란 놀더라도 자기가 미리 계획한 그 시간에 노는 것을 의미한다. 공부를 하기로 계획한 시간에는 공부만 하는 것을 뜻하기도 한다. 바꿔 말하면, '맺고 끊는 것을 잘하는 것'이라 할 수 있다.

오늘 공부 계획

공부할 내용 및 범위	V
	☐
	☐
	☐
	☐

오늘 공부 일지

시작	종료	나만의 학습 시간표	결과 및 대책 세우기
: ~ :			
: ~ :			
: ~ :			
: ~ :			
: ~ :			
: ~ :			
: ~ :			
: ~ :			
: ~ :			
: ~ :			
: ~ :			

예상 공부 시간	실제 공부 시간	목표 달성 점수	0 25 50 75 100

나를 칭찬합니다

D-

일요일

많은 사람들이 왔다갔다 하는 도서관에서 들려오는 약간의 소음은 집중력을 기르는 데 많은 도움이 되기도 한다. 집중하기 위해 조용한 환경만 찾아다닌 것이 오히려 집중력을 악하게 만든 것이다.

오늘 공부 계획

공부할 내용 및 범위	V
	☐
	☐
	☐
	☐

오늘 공부 일지

시작	종료	나만의 학습 시간표	결과 및 대책 세우기
: ~ :			
: ~ :			
: ~ :			
: ~ :			
: ~ :			
: ~ :			
: ~ :			
: ~ :			
: ~ :			
: ~ :			
: ~ :			

예상 공부 시간	실제 공부 시간	목표 달성 점수	0 25 50 75 100

나를 칭찬합니다

주간 평가

 강좌 체크

강좌명	M	T	W	T	F	S	S

생활 체크

생활방식	M	T	W	T	F	S	S
플래너 출석							
취침 시간							
기상 시간							
운동							

 셀프 반성

셀프 칭찬

 셀프 격려

셀프 다짐

D-

월요일

우리가 인생을 살아가는 데 필요한 지식이나 능력의 대부분은 교과서보다는 '독서'를 통해서 얻는다. 독서는 나약한 인간을 강하게 만들고, 비어 있는 정신에 현명함과 탁월함을 심어준다.

 오늘 공부 계획

공부할 내용 및 범위	V
	☐
	☐
	☐
	☐

오늘 공부 일지

시작	종료	나만의 학습 시간표	결과 및 대책 세우기
: ~ :			
: ~ :			
: ~ :			
: ~ :			
: ~ :			
: ~ :			
: ~ :			
: ~ :			
: ~ :			
: ~ :			
: ~ :			
: ~ :			

예상 공부 시간	실제 공부 시간	목표 달성 점수	0	25	50	75	100

나를 칭찬합니다

D-

화요일

인간의 심리상, '집'에서 도서관으로 가는 것은 무척 힘들지만, '학교'에서 도서관으로 가는 것은 그렇게 어렵지가 않다.

오늘 공부 계획

공부할 내용 및 범위	V
✎	☐
✎	☐
✎	☐
✎	☐

오늘 공부 일지

시작	종료	나만의 학습 시간표	결과 및 대책 세우기
: ~ :			
: ~ :			
: ~ :			
: ~ :			
: ~ :			
: ~ :			
: ~ :			
: ~ :			
: ~ :			
: ~ :			
: ~ :			

예상 공부 시간	실제 공부 시간	목표 달성 점수	0 25 50 75 100

나를 칭찬합니다

D-

수요일

공부란, 성실한 사람이 되어가는 과정을 배우는 것이다. 방학은 성실한 사람이 되어가는 연습을 하기에 딱 좋은 시기다.

오늘 공부 계획

공부할 내용 및 범위	V
✎	☐
✎	☐
✎	☐
✎	☐

오늘 공부 일지

시작	종료	나만의 학습 시간표	결과 및 대책 세우기
: ~ :			
: ~ :			
: ~ :			
: ~ :			
: ~ :			
: ~ :			
: ~ :			
: ~ :			
: ~ :			
: ~ :			
: ~ :			
: ~ :			

예상 공부 시간	실제 공부 시간	목표 달성 점수	0 25 50 75 100

나를 칭찬합니다

D-

우리가 공부를 제시간에 시작하지 못하는 이유는 너무 오래 생각하기 때문이다. 행동이 흘러가는것을 막기 위한 유일한 방법은 아무 생각도 하지 말고 일단 몸을 움직이는 것이다.

오늘 공부 계획

공부할 내용 및 범위	V
	☐
	☐
	☐
	☐

오늘 공부 일지

시작	종료	나만의 학습 시간표	결과 및 대책 세우기
: ~ :			
: ~ :			
: ~ :			
: ~ :			
: ~ :			
: ~ :			
: ~ :			
: ~ :			
: ~ :			
: ~ :			
: ~ :			

예상 공부 시간	실제 공부 시간	목표 달성 점수	0	25	50	75	100

나를 칭찬합니다

D-

금요일

시간관리에서 가장 중요한 것은, 제시간에 공부를 시작하는 것이다. 이것이 쉬워지려면 일단 아무 생각 없이 공부 장소에 자신의 몸을 던져야 한다.

오늘 공부 계획

공부할 내용 및 범위	V
	☐
	☐
	☐
	☐

오늘 공부 일지

시작	종료	나만의 학습 시간표	결과 및 대책 세우기
: ~ :		
: ~ :		
: ~ :		
: ~ :		
: ~ :		
: ~ :		
: ~ :		
: ~ :		
: ~ :		
: ~ :		
: ~ :		

예상 공부 시간	실제 공부 시간	목표 달성 점수 0 25 50 75 100

나를 칭찬합니다

D-

토요일

진로 문제엔 옳은 것도 없고, 그른 것도 없다. 오직 자신이 알아서 선택하고, 책임도 자신이 져야 할 문제다.

오늘 공부 계획

공부할 내용 및 범위	V
	☐
	☐
	☐
	☐

오늘 공부 일지

시작	종료	나만의 학습 시간표	결과 및 대책 세우기
: ~ :			
: ~ :			
: ~ :			
: ~ :			
: ~ :			
: ~ :			
: ~ :			
: ~ :			
: ~ :			
: ~ :			
: ~ :			
: ~ :			

예상 공부 시간	실제 공부 시간	목표 달성 점수	0 25 50 75 100

나를 칭찬합니다

D-

일요일

계획이 세워지면 적은 노력으로도 쉽게 성과를 만들어낼 수 있고, 계획이 세워지는 순간 이미 공부의 절반은 끝난 것과 같다.

오늘 공부 계획

공부할 내용 및 범위	V
	☐
	☐
	☐
	☐

오늘 공부 일지

시작 종료	나만의 학습 시간표	결과 및 대책 세우기
: ~ :		
: ~ :		
: ~ :		
: ~ :		
: ~ :		
: ~ :		
: ~ :		
: ~ :		
: ~ :		
: ~ :		
: ~ :		

예상 공부 시간	실제 공부 시간	목표 달성 점수 0 25 50 75 100

나를 칭찬합니다

주간 평가

강좌명	M	T	W	T	F	S	S

생활 체크

생활방식	M	T	W	T	F	S	S
플래너 출석							
취침 시간							
기상 시간							
운동							

셀프 반성

셀프 칭찬

셀프 격려

셀프 다짐

D-

월요일

공부의 시작은 충분히 이해하는 것이다. 이해가 되면 암기할 것도 줄어들고, 문제를 풀어도 틀리는 것이 별로 없기에 공부 시간도 훨씬 단축된다.

오늘 공부 계획

공부할 내용 및 범위	V
	☐
	☐
	☐
	☐

오늘 공부 일지

시작	종료	나만의 학습 시간표	결과 및 대책 세우기
:	~ :		
:	~ :		
:	~ :		
:	~ :		
:	~ :		
:	~ :		
:	~ :		
:	~ :		
:	~ :		
:	~ :		

예상 공부 시간	실제 공부 시간	목표 달성 점수	0 25 50 75 100

나를 칭찬합니다

D-

화요일

시험 출제자가 원하는 것은 개념을 제대로 이해하는 것이다. 그리고 그걸 측정하기 위해서 고난이도 문제를 내게 되는데, 이때 물어보는 것이 바로 '인과관계'다.

오늘 공부 계획

공부할 내용 및 범위	V
	☐
	☐
	☐
	☐

오늘 공부 일지

시작	종료	나만의 학습 시간표	결과 및 대책 세우기
: ~ :			
: ~ :			
: ~ :			
: ~ :			
: ~ :			
: ~ :			
: ~ :			
: ~ :			
: ~ :			
: ~ :			
: ~ :			
: ~ :			

예상 공부 시간	실제 공부 시간	목표 달성 점수	0 25 50 75 100

나를 칭찬합니다

나는 공부를 할 때, 내 스스로에게 설명할 수 없으면 공부를 끝내지 않았다. 아무리 시간을 많이 들여 공부했더라도 그것을 설명할 수 없다면 실제로는 제대로 이해한 것이 아니기 때문이었다.

오늘 공부 계획

공부할 내용 및 범위	V
	☐
	☐
	☐
	☐

오늘 공부 일지

시작	종료	나만의 학습 시간표	결과 및 대책 세우기
: ~ :			
: ~ :			
: ~ :			
: ~ :			
: ~ :			
: ~ :			
: ~ :			
: ~ :			
: ~ :			
: ~ :			
: ~ :			
: ~ :			

예상 공부 시간	실제 공부 시간	목표 달성 점수	0 25 50 75 100

나를 칭찬합니다

D-

목요일

성실함이란 점수와 같은 '결과'에 집착하지 않고 '과정'에서 최선을 다하는 것을 의미하며, 그런 자세로 인생을 살면 당신이 원하는 것들이 따라온다.

 오늘 공부 계획

공부할 내용 및 범위	V
	☐
	☐
	☐
	☐

오늘 공부 일지

시작	종료	나만의 학습 시간표	결과 및 대책 세우기
: ~ :			
: ~ :			
: ~ :			
: ~ :			
: ~ :			
: ~ :			
: ~ :			
: ~ :			
: ~ :			
: ~ :			
: ~ :			

예상 공부 시간	실제 공부 시간	목표 달성 점수 0 25 50 75 100

나를 칭찬합니다

D-

금요일

사실 우리가 문제를 틀리는 원인은 함정이 있어서가 아니다. 함정이 없음에도 불구하고 우리가 확실히 알지 못해서 틀리는 것이다. 성적은 아는 것이 많다고 오르는 것이 아니다. 아는 깃을 확실히 알 때 오른다.

오늘 공부 계획

공부할 내용 및 범위	V
	☐
	☐
	☐
	☐

오늘 공부 일지

시작	종료	나만의 학습 시간표	결과 및 대책 세우기
: ~ :			
: ~ :			
: ~ :			
: ~ :			
: ~ :			
: ~ :			
: ~ :			
: ~ :			
: ~ :			
: ~ :			

예상 공부 시간	실제 공부 시간	목표 달성 점수 0 25 50 75 100

나를 칭찬합니다

D-

토요일

메타 인지력이란 '내가 안다는 사실을 아는 능력'이라고 할 수 있다. 자기가 모르는 것을 정확히 알기 때문에 그것만 골라서 공부할 수 있다.

오늘 공부 계획

공부할 내용 및 범위	V
	☐
	☐
	☐
	☐

오늘 공부 일지

시작	종료	나만의 학습 시간표	결과 및 대책 세우기
: ~ :			
: ~ :			
: ~ :			
: ~ :			
: ~ :			
: ~ :			
: ~ :			
: ~ :			
: ~ :			
: ~ :			
: ~ :			
: ~ :			

예상 공부 시간	실제 공부 시간	목표 달성 점수 0 25 50 75 100

나를 칭찬합니다

D-

일요일

성적이란 모르는 것을 알아야 오르는 것이다. 비록 푸는 문제 수가 적더라도 어떻게든 자기가 모르는 것을 발견하려고 치열하게 고민해야 한다.

오늘 공부 계획

공부할 내용 및 범위	V
	☐
	☐
	☐
	☐

오늘 공부 일지

시작	종료	나만의 학습 시간표	결과 및 대책 세우기
:	~ :		
:	~ :		
:	~ :		
:	~ :		
:	~ :		
:	~ :		
:	~ :		
:	~ :		
:	~ :		
:	~ :		
:	~ :		

예상 공부 시간	실제 공부 시간	목표 달성 점수 0 25 50 75 100

 나를 칭찬합니다

주간 평가

강좌명	M	T	W	T	F	S	S

생활 체크

생활방식	M	T	W	T	F	S	S
플래너 출석							
취침 시간							
기상 시간							
운동							

셀프 반성

셀프 칭찬

셀프 격려

셀프 다짐

Barbouille

낙서장

노력해도 집중이 잘 안될 때, 기분이 다운될 때, 어딘가 가슴이 답답하고 짜증이 올라올 때, 너는 우울한 기분을 어떻게 해소하니? 여기에 낙서를 해봐. 글을 써도 좋고 그림을 그려도 좋아.

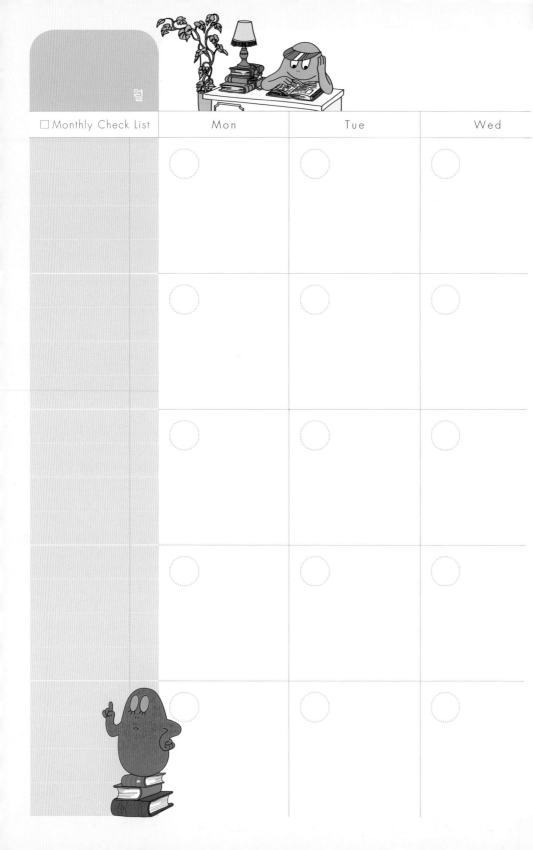

월

☐ Monthly Check List | Mon | Tue | Wed

이번 달 목표 _____

_____

Thu	Fri	Sat	Sun
◯	◯	◯	◯
◯	◯	◯	◯
◯	◯	◯	◯
◯	◯	◯	◯
◯	◯	◯	◯

D-

월요일

참고 계속하라. 그 고통이 영원히 지속되지는 않는다. 점점 빨라지고, 점점 쉬워질 것이다. 지금은 조금 고통스럽더라도 치열하게 고민하며 공부하라. 그러면 훗날 성적표를 받을 때, 당신은 반드시 웃게 될 것이다.

오늘 공부 계획

공부할 내용 및 범위	V
✏	☐
✏	☐
✏	☐
✏	☐

오늘 공부 일지

시작	종료	나만의 학습 시간표	결과 및 대책 세우기
: ~ :			
: ~ :			
: ~ :			
: ~ :			
: ~ :			
: ~ :			
: ~ :			
: ~ :			
: ~ :			
: ~ :			

예상 공부 시간	실제 공부 시간	목표 달성 비율 0 25 50 75 100

나를 칭찬합니다

D-

화요일

나는 당신이 성적이라는 결과보다 더 큰 것을 원하는 사람이었으면 좋겠다고 말
하고 싶다. 그것은 '성실한 자세'다.

 오늘 공부 계획

공부할 내용 및 범위	V
	☐
	☐
	☐
	☐

 오늘 공부 일지

시작	종료	나만의 학습 시간표	결과 및 대책 세우기
: ~ :			
: ~ :			
: ~ :			
: ~ :			
: ~ :			
: ~ :			
: ~ :			
: ~ :			
: ~ :			
: ~ :			
: ~ :			
: ~ :			

예상 공부 시간	실제 공부 시간	목표 달성 비율 0 25 50 75 100

나를 칭찬합니다

D-

내가 거울을 향해 다가가면 거울 속의 나는 정확히 그만큼 나에게 다가온다. 꿈이란 이처럼 나의 노력을 그대로 되돌려주는 가장 정직한 친구다.

오늘 공부 계획

공부할 내용 및 범위	V
	☐
	☐
	☐
	☐

오늘 공부 일지

시작	종료	나만의 학습 시간표	결과 및 대책 세우기
: ~ :			
: ~ :			
: ~ :			
: ~ :			
: ~ :			
: ~ :			
: ~ :			
: ~ :			
: ~ :			
: ~ :			
: ~ :			
: ~ :			

예상 공부 시간	실제 공부 시간	목표 달성 비율 0 25 50 75 100

나를 칭찬합니다

D-

목요일

중고등학교 시절을 후회가 남지 않을 정도로 치열하게 살았고, 결과를 겸허히 받아들일 준비가 되어 있는 사람은 어디를 가든지 자기 자신을 좋아하게 될 것이다.

오늘 공부 계획

공부할 내용 및 범위	V
	☐
	☐
	☐
	☐

오늘 공부 일지

시작	종료	나만의 학습 시간표	결과 및 대책 세우기
: ~ :			
: ~ :			
: ~ :			
: ~ :			
: ~ :			
: ~ :			
: ~ :			
: ~ :			
: ~ :			
: ~ :			
: ~ :			
: ~ :			

예상 공부 시간	실제 공부 시간	목표 달성 비율 0 25 50 75 100

나를 칭찬합니다

D-

땀 흘려 일한 만큼 풍부한 결과를 내어주는 것이 땅이다. 공부와 땅, 둘 다 절대 거짓말을 하지 않는다. 그들은 받은 만큼 되돌려주며, 노력한 만큼 결실을 맺게 해준다.

오늘 공부 계획

공부할 내용 및 범위	V
	☐
	☐
	☐
	☐

오늘 공부 일지

시작	종료	나만의 학습 시간표	결과 및 대책 세우기
:	~ :		
:	~ :		
:	~ :		
:	~ :		
:	~ :		
:	~ :		
:	~ :		
:	~ :		
:	~ :		
:	~ :		
:	~ :		
:	~ :		

예상 공부 시간	실제 공부 시간	목표 달성 비율	0 25 50 75 100

나를 칭찬합니다

D-

토요일

공부 방법만을 알고 있는 학생은 자신의 한계를 뛰어넘지 못한다. 그러나 공부를 해야만 하는 자신만의 이유, 그것도 필사적인 이유를 가지고 있는 학생이라면 반드시 자신이 원하는 성과를 얻게 된다.

오늘 공부 계획

공부할 내용 및 범위	V
✎	☐
✎	☐
✎	☐
✎	☐

오늘 공부 일지

시작	종료	나만의 학습 시간표	결과 및 대책 세우기
: ~ :			
: ~ :			
: ~ :			
: ~ :			
: ~ :			
: ~ :			
: ~ :			
: ~ :			
: ~ :			
: ~ :			
: ~ :			

예상 공부 시간	실제 공부 시간	목표 달성 비율 0 25 50 75 100

나를 칭찬합니다

D-

일요일

암기의 비결은 결국 체계적인 정리와 반복 학습에 있다는 말이다. 나의 암기 비결은 실제 시험에서 마음만 먹으면 언제든지 사용할 수 있을 정도의 퀄리티를 지닌 커닝페이퍼를 만드는 것이었다.

오늘 공부 계획

공부할 내용 및 범위	V
	☐
	☐
	☐
	☐

오늘 공부 일지

시작	종료	나만의 학습 시간표	결과 및 대책 세우기
: ~ :			
: ~ :			
: ~ :			
: ~ :			
: ~ :			
: ~ :			
: ~ :			
: ~ :			
: ~ :			
: ~ :			
: ~ :			

예상 공부 시간	실제 공부 시간	목표 달성 비율	0 25 50 75 100

나를 칭찬합니다

주간 평가

 강좌 체크

강좌명	M	T	W	T	F	S	S

생활 체크

생활방식	M	T	W	T	F	S	S
플래너 출석							
취침 시간							
기상 시간							
운동							

 셀프 반성

셀프 칭찬

 셀프 격려

 셀프 다짐

D-

나는 공부란 코스모스와 같다고 생각한다. 만약 얻고자 하는 마음만 있다면 들판에서 쉽게 찾을 수 있지만, 그렇다고 돈으로 살 수 있는 성질의 것이 아니란 점에서 똑같다. 코스모스를 얻기 위해 필요한 것은 돈이 아니라 찾아가는 성의다.

오늘 공부 계획

공부할 내용 및 범위	V
	☐
	☐
	☐
	☐

오늘 공부 일지

시작	종료	나만의 학습 시간표	결과 및 대책 세우기
: ~ :			
: ~ :			
: ~ :			
: ~ :			
: ~ :			
: ~ :			
: ~ :			
: ~ :			
: ~ :			
: ~ :			

예상 공부 시간	실제 공부 시간	목표 달성 비율	0 25 50 75 100

나를 칭찬합니다

D-

화요일

초조해하지 말고, 진지한 마음과 차분한 기분으로 책을 펼치되, 내 눈앞에 있는 내용을 이해할 수 있고 암기할 수 있다는 믿음을 가지고 한다면 공부는 쉽게 다가 온다.

오늘 공부 계획

공부할 내용 및 범위	V
	☐
	☐
	☐
	☐

오늘 공부 일지

시작	종료	나만의 학습 시간표	결과 및 대책 세우기
:	~ :		
:	~ :		
:	~ :		
:	~ :		
:	~ :		
:	~ :		
:	~ :		
:	~ :		
:	~ :		
:	~ :		
:	~ :		
:	~ :		

예상 공부 시간	실제 공부 시간	목표 달성 비율 0 25 50 75 100

나를 칭찬합니다

D-

수요일

꿈이 구체적으로 정해지자 의욕이 생겼다. 예전에는 공부를 시작하는 것이 죽을 만큼 괴로웠는데, 이제는 공부를 하고 싶어졌다. 미래의 멋진 내 모습을 상상하니까 즐거운 기분으로 책장을 넘길 수 있었다.

오늘 공부 계획

공부할 내용 및 범위	V
	☐
	☐
	☐
	☐

오늘 공부 일지

시작	종료	나만의 학습 시간표	결과 및 대책 세우기
: ~ :			
: ~ :			
: ~ :			
: ~ :			
: ~ :			
: ~ :			
: ~ :			
: ~ :			
: ~ :			
: ~ :			
: ~ :			

예상 공부 시간	실제 공부 시간	목표 달성 비율	0	25	50	75	100

나를 칭찬합니다

D-

목요일

공부를 시작하기 전마다 1분만 눈을 감고, 앞으로 자신이 되고 싶은 모습을 상상해보라. 해야 되니까 하는 공부와, 상상 속의 내 모습을 현실로 만들기 위해서 하는 공부는 하늘과 땅 차이이다.

오늘 공부 계획

공부할 내용 및 범위	V
	☐
	☐
	☐
	☐

오늘 공부 일지

시작	종료	나만의 학습 시간표	결과 및 대책 세우기
: ~ :			
: ~ :			
: ~ :			
: ~ :			
: ~ :			
: ~ :			
: ~ :			
: ~ :			
: ~ :			
: ~ :			
: ~ :			
: ~ :			

예상 공부 시간	실제 공부 시간	목표 달성 비율	0 25 50 75 100

나를 칭찬합니다

D-

금요일

내가 살고 싶은 인생을 구체적으로 계획하니까 눈앞에 있는 공부의 의미가 달라졌다. 그래 이건, 다른 누구를 위해서가 아니다. 바로 나 자신을 위해서다.

오늘 공부 계획

공부할 내용 및 범위	V
🖊	☐
🖊	☐
🖊	☐
🖊	☐

오늘 공부 일지

시작	종료	나만의 학습 시간표	결과 및 대책 세우기
: ~ :			
: ~ :			
: ~ :			
: ~ :			
: ~ :			
: ~ :			
: ~ :			
: ~ :			
: ~ :			
: ~ :			
: ~ :			
: ~ :			

예상 공부 시간	실제 공부 시간	목표 달성 비율 0 25 50 75 100

나를 칭찬합니다

D-

토요일

공부가 재미없고 지겨울 줄 알았는데, 의외로 재미있었다. 뭔가를 알아가는 것이 이렇게 재미있는지 미처 몰랐다. 한 문제씩 풀릴 때마다 성취감이 온몸을 짜릿하게 훑고 지나갔다. 그건 아무도 시키지 않은 '나의' 공부였다.

오늘 공부 계획

공부할 내용 및 범위	V
	☐
	☐
	☐
	☐

오늘 공부 일지

시작	종료	나만의 학습 시간표	결과 및 대책 세우기
: ~ :			
: ~ :			
: ~ :			
: ~ :			
: ~ :			
: ~ :			
: ~ :			
: ~ :			
: ~ :			
: ~ :			
: ~ :			
: ~ :			

예상 공부 시간	실제 공부 시간	목표 달성 비율	0 25 50 75 100

나를 칭찬합니다

D-

일요일

도서관에는 공부하러 오는 사람들이 많다. 나는 그게 가장 마음에 들었다. 공부하는 분위기가 충만한 곳에 있을 때, 나도 공부가 잘되기 때문이다.

오늘 공부 계획

	공부할 내용 및 범위	V
✎		☐
✎		☐
✎		☐
✎		☐

오늘 공부 일지

시작	종료	나만의 학습 시간표	결과 및 대책 세우기
: ~ :			
: ~ :			
: ~ :			
: ~ :			
: ~ :			
: ~ :			
: ~ :			
: ~ :			
: ~ :			
: ~ :			
: ~ :			

예상 공부 시간	실제 공부 시간	목표 달성 비율 0 25 50 75 100

나를 칭찬합니다

주간 평가

강좌 체크

강좌명	M	T	W	T	F	S	S

생활 체크

생활방식	M	T	W	T	F	S	S
플래너 출석							
취침 시간							
기상 시간							
운동							

셀프 반성

셀프 칭찬

셀프 격려

셀프 다짐

D-

진로를 잘 결정하기 위해서는 그 학과나 직업에 대한 전망을 알아보는 것도 중요하지만 그보다 더 중요한 것은 자기 자신을 파악하는 것이다.

오늘 공부 계획

공부할 내용 및 범위	V
	☐
	☐
	☐
	☐

오늘 공부 일지

시작	종료	나만의 학습 시간표	결과 및 대책 세우기
: ~ :			
: ~ :			
: ~ :			
: ~ :			
: ~ :			
: ~ :			
: ~ :			
: ~ :			
: ~ :			
: ~ :			
: ~ :			
: ~ :			

예상 공부 시간	실제 공부 시간	목표 달성 비율 0 25 50 75 100

나를 칭찬합니다

D-

화요일

같은 목표를 가지고, 같은 길을 걷는 친구가 있다는 것은 든든한 법이다. 나는 자신감이 차올랐고, 그 자신감은 공부에 집중할 수 있는 원동력이 되어주었다.

오늘 공부 계획

공부할 내용 및 범위	V
	☐
	☐
	☐
	☐

오늘 공부 일지

시작	종료	나만의 학습 시간표	결과 및 대책 세우기
: ~ :			
: ~ :			
: ~ :			
: ~ :			
: ~ :			
: ~ :			
: ~ :			
: ~ :			
: ~ :			
: ~ :			
: ~ :			
: ~ :			

예상 공부 시간	실제 공부 시간	목표 달성 비율	0	25	50	75	100

나를 칭찬합니다

D-

공부를 하다보면 누구나 가끔은 외로워지고는 한다. 공부란 것은 결국 혼자만의 싸움이기 때문일 것이다. 누구도 대신해줄 수 없다. 결국 스스로 해야 한다.

 오늘 공부 계획

공부할 내용 및 범위	V
	☐
	☐
	☐
	☐

 오늘 공부 일지

시작	종료	나만의 학습 시간표	결과 및 대책 세우기
: ~ :			
: ~ :			
: ~ :			
: ~ :			
: ~ :			
: ~ :			
: ~ :			
: ~ :			
: ~ :			
: ~ :			
: ~ :			
: ~ :			

예상 공부 시간	실제 공부 시간	목표 달성 비율	0	25	50	75	100

나를 칭찬합니다

D-

많은 사람들이 공부를 하지만 자신이 만족할 만큼의 성과를 내지 못하는 이유는 간단하다. 그건 공부가 아닌 다른 것에 발 하나를 걸쳐 놓았기 때문이다.

오늘 공부 계획

공부할 내용 및 범위	V
	☐
	☐
	☐
	☐

오늘 공부 일지

시작	종료	나만의 학습 시간표	결과 및 대책 세우기
: ~ :			
: ~ :			
: ~ :			
: ~ :			
: ~ :			
: ~ :			
: ~ :			
: ~ :			
: ~ :			
: ~ :			
: ~ :			
: ~ :			

예상 공부 시간	실제 공부 시간	목표 달성 비율	0 25 50 75 100

나를 칭찬합니다

D-

금요일

처음에는 공부해야 할 것이 산더미 같았다. 웬만한 것들은 다 몰랐으니까. 그러나 참고 꾸준히 했다. 이 단계에서 가장 중요한 것은 공부 방법이 아니라 참을성이다. 많은 학생들이 '참는' 단계에서 실패한다.

 오늘 공부 계획

공부할 내용 및 범위	V
✎	☐
✎	☐
✎	☐
✎	☐

오늘 공부 일지

시작	종료	나만의 학습 시간표	결과 및 대책 세우기
: ~ :			
: ~ :			
: ~ :			
: ~ :			
: ~ :			
: ~ :			
: ~ :			
: ~ :			
: ~ :			
: ~ :			
: ~ :			

예상 공부 시간	실제 공부 시간	목표 달성 비율 0 25 50 75 100

나를 칭찬합니다

D-

토요일

만약 공부가 자신에게 충분한 애정을 보이고 있지 않다고 생각되는 사람이 있다면, 한번 곰곰이 생각해보는 것도 좋을 것 같다. 자신이 공부라는 것을 위해 무엇을 포기했었는지를 말이다.

오늘 공부 계획

공부할 내용 및 범위	V
	☐
	☐
	☐
	☐

오늘 공부 일지

시작	종료	나만의 학습 시간표	결과 및 대책 세우기
: ~ :			
: ~ :			
: ~ :			
: ~ :			
: ~ :			
: ~ :			
: ~ :			
: ~ :			
: ~ :			
: ~ :			
: ~ :			

예상 공부 시간	실제 공부 시간	목표 달성 비율	0	25	50	75	100

나를 칭찬합니다

D-

일요일

누군가가 나를 지켜보면서 응원한다는 것은 큰 힘이 되는 법이다. 그런 기대와 격려는 놀라운 변화를 이끌어내는 힘이 있는 것 같다.

오늘 공부 계획

공부할 내용 및 범위	V
	☐
	☐
	☐
	☐

오늘 공부 일지

시작	종료	나만의 학습 시간표	결과 및 대책 세우기
: ~ :			
: ~ :			
: ~ :			
: ~ :			
: ~ :			
: ~ :			
: ~ :			
: ~ :			
: ~ :			
: ~ :			
: ~ :			
: ~ :			

예상 공부 시간	실제 공부 시간	목표 달성 비율	0 25 50 75 100

나를 칭찬합니다

주간 평가

 강좌 체크

생활 체크

강좌명	M	T	W	T	F	S	S

생활방식	M	T	W	T	F	S	S
플래너 출석							
취침 시간							
기상 시간							
운동							

 셀프 반성

 셀프 칭찬

 셀프 격려

 셀프 다짐

D-

월요일

열심히 공부하는 것만이 능사는 아니다. 자신이 하고 있는 공부의 문제점을 제거하지 않는다면 그건 언제 터질지 모르는 폭탄을 안고 달리는 것과 같다.

 오늘 공부 계획

공부할 내용 및 범위	V
✏	☐
✏	☐
✏	☐
✏	☐

오늘 공부 일지

시작	종료	나만의 학습 시간표	결과 및 대책 세우기
: ~ :			
: ~ :			
: ~ :			
: ~ :			
: ~ :			
: ~ :			
: ~ :			
: ~ :			
: ~ :			
: ~ :			

예상 공부 시간	실제 공부 시간	목표 달성 비율

나를 칭찬합니다

D-

화요일

"네가 앞으로 뭘 하든지 그건 네 맘이지만, 다만 나는 네가 혼자만 잘 먹고 잘 살지 말고, 주위 사람들이나 이 사회를 위해서 헌신하는 사람이 됐으면 좋겠다."

오늘 공부 계획

공부할 내용 및 범위	V
	☐
	☐
	☐
	☐

오늘 공부 일지

시작	종료	나만의 학습 시간표	결과 및 대책 세우기
: ~ :			
: ~ :			
: ~ :			
: ~ :			
: ~ :			
: ~ :			
: ~ :			
: ~ :			
: ~ :			
: ~ :			
: ~ :			
: ~ :			

예상 공부 시간	실제 공부 시간	목표 달성 비율	0	25	50	75	100

나를 칭찬합니다

D-

수요일

공부가 재미있게 되는 비결은 의외로 간단하다. 공부보다 재미있는 것을 하지 않으면 된다.

오늘 공부 계획

공부할 내용 및 범위	V
/	☐
/	☐
/	☐
/	☐

오늘 공부 일지

시작	종료	나만의 학습 시간표	결과 및 대책 세우기
: ~ :			
: ~ :			
: ~ :			
: ~ :			
: ~ :			
: ~ :			
: ~ :			
: ~ :			
: ~ :			
: ~ :			

예상 공부 시간	실제 공부 시간	목표 달성 비율	0 25 50 75 100

나를 칭찬합니다

D-

목요일

휴식은 반드시 필요하다. 나는 공부가 지겨워질 때면 가벼운 책을 읽거나, 동네를 돌아다니며 산책을 했다.

오늘 공부 계획

공부할 내용 및 범위	V
	☐
	☐
	☐
	☐

오늘 공부 일지

시작	종료	나만의 학습 시간표	결과 및 대책 세우기
:	~ :		
:	~ :		
:	~ :		
:	~ :		
:	~ :		
:	~ :		
:	~ :		
:	~ :		
:	~ :		
:	~ :		
:	~ :		

예상 공부 시간	실제 공부 시간	목표 달성 비율	0 25 50 75 100

나를 칭찬합니다

D-

금요일

내가 지금 무엇을 공부하고 있는지 깨달았고, 무엇이 부족한지 알게 되었다. 내가 원하던 것은 내가 하고 싶은 공부를 하는 것이었다.

오늘 공부 계획

공부할 내용 및 범위	V
	☐
	☐
	☐
	☐

오늘 공부 일지

시작	종료	나만의 학습 시간표	결과 및 대책 세우기
: ~ :			
: ~ :			
: ~ :			
: ~ :			
: ~ :			
: ~ :			
: ~ :			
: ~ :			
: ~ :			
: ~ :			
: ~ :			

예상 공부 시간	실제 공부 시간	목표 달성 비율 0 25 50 75 100

나를 칭찬합니다

D-

토요일

지금에 와서 나의 삶을 돌이켜보니 사람의 인생에 의미가 없는 순간이란 없다는 것을 깨닫게 된다. 체스를 두다가 귀중한 말 하나를 잃은 것처럼 보여도, 그것이 결국에는 판 전체를 이기는 포석이 되기도 한다.

오늘 공부 계획

공부할 내용 및 범위	V
	☐
	☐
	☐
	☐

오늘 공부 일지

시작	종료	나만의 학습 시간표	결과 및 대책 세우기
:	~ :		
:	~ :		
:	~ :		
:	~ :		
:	~ :		
:	~ :		
:	~ :		
:	~ :		
:	~ :		
:	~ :		

예상 공부 시간	실제 공부 시간	목표 달성 비율	0 25 50 75 100

나를 칭찬합니다

D-

일요일

가방 속에 들어 있는 두꺼운 책들의 무게가 전해지는 것이 느껴졌다. 무겁다. 그러나 기분은 좋다. 이건 내가 선택한 무거움이고 의미가 있는 무거움이니까.

오늘 공부 계획

공부할 내용 및 범위	V
	☐
	☐
	☐
	☐

오늘 공부 일지

시작	종료	나만의 학습 시간표	결과 및 대책 세우기
: ~ :			
: ~ :			
: ~ :			
: ~ :			
: ~ :			
: ~ :			
: ~ :			
: ~ :			
: ~ :			
: ~ :			
: ~ :			

예상 공부 시간	실제 공부 시간	목표 달성 비율

나를 칭찬합니다

주간 평가

 강좌 체크

 생활 체크

강좌명	M	T	W	T	F	S	S

생활방식	M	T	W	T	F	S	S
플래너 출석							
취침 시간							
기상 시간							
운동							

셀프 반성

셀프 칭찬

셀프 격려

셀프 다짐

내가 만드는 사다리 타기

친구들과 원하는 대로 줄을 그어서 사다리를 완성해보자. 사다리 아래쪽에 간단한 벌칙이나 내기를 걸고 게임해보면 스릴 넘칠 거야.

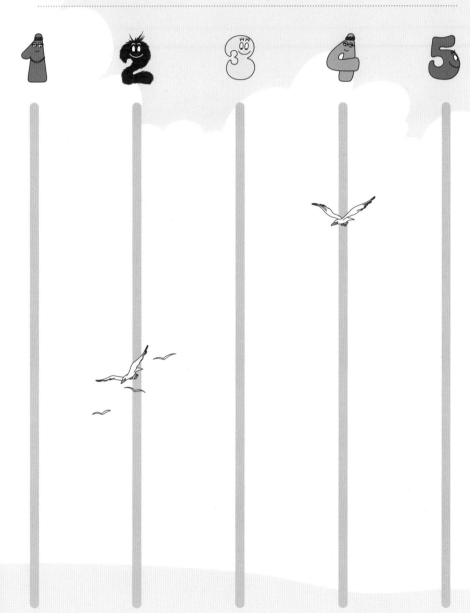

□ Monthly Check List	Mon	Tue	Wed
	○	○	○
	○	○	○
	○	○	○
	○	○	○
	○	○	○

Thu	Fri	Sat	Sun
( )	( )	( )	( )
( )	( )	( )	( )
( )	( )	( )	( )
( )	( )	( )	( )
( )	( )	( )	( )

D-

무엇인가를 이루고 싶다면 먼저 스스로가 정말 무엇을 원하고 있는지를 알아야 한다. 공부는 그다음인 것 같다.

오늘 공부 계획

공부할 내용 및 범위	V
	☐
	☐
	☐
	☐

오늘 공부 일지

시작	종료	나만의 학습 시간표	결과 및 대책 세우기
: ~ :			
: ~ :			
: ~ :			
: ~ :			
: ~ :			
: ~ :			
: ~ :			
: ~ :			
: ~ :			
: ~ :			
: ~ :			

예상 공부 시간	실제 공부 시간	목표 달성 점수 0 25 50 75 100

나를 칭찬합니다

D-
화요일

내가 공부하는 것은 과연 선한 일일까? 그건 어떤 '동기'로 하느냐에 따라 달라질 것이다.

오늘 공부 계획

공부할 내용 및 범위	V
✎	☐
✎	☐
✎	☐
✎	☐

오늘 공부 일지

시작	종료	나만의 학습 시간표	결과 및 대책 세우기
: ~ :			
: ~ :			
: ~ :			
: ~ :			
: ~ :			
: ~ :			
: ~ :			
: ~ :			
: ~ :			
: ~ :			
: ~ :			

예상 공부 시간	실제 공부 시간	목표 달성 점수	0 25 50 75 100

나를 칭찬합니다

D-

수요일

시험 직전은 공부법이 의미가 없어지는 때다. 이때는 공부방법보다 마음을 다스리는 것, 즉 불안하고 떨리는 마음을 진정시키고 평상심을 유지하는 것이 더 중요하다.

오늘 공부 계획

공부할 내용 및 범위	V
	☐
	☐
	☐
	☐

오늘 공부 일지

시작	종료	나만의 학습 시간표	결과 및 대책 세우기
: ~ :			
: ~ :			
: ~ :			
: ~ :			
: ~ :			
: ~ :			
: ~ :			
: ~ :			
: ~ :			
: ~ :			

예상 공부 시간	실제 공부 시간	목표 달성 점수	0 25 50 75 100

나를 칭찬합니다

D-

목요일

나는 공부하면서 결과를 두려워하지 않는 것이 얼마나 중요한지를 배웠다. 올바른 계획을 세우는 방법과 매일 꾸준히 노력하는 방법을 배웠다. 삶을 어지럽히는 것들을 통제하는 방법과 무엇인가에 집중하는 방법을 배웠다.

오늘 공부 계획

공부할 내용 및 범위	V
	☐
	☐
	☐
	☐

오늘 공부 일지

시작	종료	나만의 학습 시간표	결과 및 대책 세우기
: ~ :			
: ~ :			
: ~ :			
: ~ :			
: ~ :			
: ~ :			
: ~ :			
: ~ :			
: ~ :			
: ~ :			

예상 공부 시간	실제 공부 시간	목표 달성 점수	0 25 50 75 100

나를 칭찬합니다

D-

금요일

우리는 '착한' 사람이 되어야겠지만, 그 착하다는 것이 실력의 부족함을 정당화해 주지는 않는다. 그것이 노력의 모자람과 게으름을 합리화해줄 수도 없다.

오늘 공부 계획

공부할 내용 및 범위	V
	☐
	☐
	☐
	☐

오늘 공부 일지

시작	종료	나만의 학습 시간표	결과 및 대책 세우기
: ~ :			
: ~ :			
: ~ :			
: ~ :			
: ~ :			
: ~ :			
: ~ :			
: ~ :			
: ~ :			
: ~ :			
: ~ :			
: ~ :			

예상 공부 시간	실제 공부 시간	목표 달성 점수 0 25 50 75 100

나를 칭찬합니다

D-

토요일

좋은 성적은 결과일 뿐 목표가 될 수 없다. 결과에 집착하고 일희일비하다보면 실력이 제대로 쌓이지 않는다. 우리의 목표는 결과가 아닌 실력이 되어야 한다. 그래야 결과도 따라서 좋아진다.

오늘 공부 계획

공부할 내용 및 범위	V
	☐
	☐
	☐
	☐

오늘 공부 일지

시작	종료	나만의 학습 시간표	결과 및 대책 세우기
: ~ :			
: ~ :			
: ~ :			
: ~ :			
: ~ :			
: ~ :			
: ~ :			
: ~ :			
: ~ :			
: ~ :			
: ~ :			

예상 공부 시간	실제 공부 시간	목표 달성 점수 □

0   25   50   75   100

나를 칭찬합니다

D-

일요일

서로가 서로를 경계하는 상황에서는 먼저 그 감정을 극복하는 사람이 승리한다.
두려움을 이겨내면 과감한 도전을 할 수 있고, 그러면 승리의 열매는 의외로 쉽게
얻을 수 있다.

오늘 공부 계획

공부할 내용 및 범위	V
	☐
	☐
	☐
	☐

오늘 공부 일지

시작	종료	나만의 학습 시간표	결과 및 대책 세우기
: ~ :			
: ~ :			
: ~ :			
: ~ :			
: ~ :			
: ~ :			
: ~ :			
: ~ :			
: ~ :			
: ~ :			
: ~ :			
: ~ :			

예상 공부 시간	실제 공부 시간	목표 달성 점수

 나를 칭찬합니다

주간 평가

 강좌 체크

강좌명	M	T	W	T	F	S	S

생활 체크

생활방식	M	T	W	T	F	S	S
플래너 출석							
취침 시간							
기상 시간							
운동							

 셀프 반성

 셀프 칭찬

 셀프 격려

 셀프 다짐

D-

월요일

중요한 것은 '꾸준함'이다. 어떻게 하면 꾸준함을 유지할 수 있을까? 습관으로 만들지 않고는 불가능하다. 자기화하면 그다음부터는 힘들이지 않고도 저절로 공부가 된다.

오늘 공부 계획

공부할 내용 및 범위	V
	☐
	☐
	☐
	☐

오늘 공부 일지

시작	종료	나만의 학습 시간표	결과 및 대책 세우기
: ~ :			
: ~ :			
: ~ :			
: ~ :			
: ~ :			
: ~ :			
: ~ :			
: ~ :			
: ~ :			
: ~ :			
: ~ :			
: ~ :			

예상 공부 시간   실제 공부 시간   목표 달성 점수 0   25   50   75   100

나를 칭찬합니다

D-

화요일

우리의 몸은 일정한 상태를 유지하려고 하는 관성이 있다. 공부는 관성을 이용해서 해야 한다. 규칙성을 유지하라는 것은, 정해진 시간에 정해진 공부를 하라는 말이다.

오늘 공부 계획

공부할 내용 및 범위	V
	☐
	☐
	☐
	☐

오늘 공부 일지

시작	종료	나만의 학습 시간표	결과 및 대책 세우기
: ~ :			
: ~ :			
: ~ :			
: ~ :			
: ~ :			
: ~ :			
: ~ :			
: ~ :			
: ~ :			
: ~ :			
: ~ :			

예상 공부 시간	실제 공부 시간	목표 달성 점수 0 25 50 75 100

나를 칭찬합니다

D-

수요일

시간관리를 잘한다는 것은 공부를 그저 많이 하는 것을 의미하지 않는다. 그보다는 '주어진 시간 동안 자신이 할 수 있는 만큼 성실히 하는 것'을 의미한다.

오늘 공부 계획

공부할 내용 및 범위	V
	☐
	☐
	☐
	☐

오늘 공부 일지

시작	종료	나만의 학습 시간표	결과 및 대책 세우기
: ~ :			
: ~ :			
: ~ :			
: ~ :			
: ~ :			
: ~ :			
: ~ :			
: ~ :			
: ~ :			
: ~ :			
: ~ :			

예상 공부 시간   실제 공부 시간   목표 달성 점수 0 25 50 75 100

나를 칭찬합니다

D-

계획의 시작은 오늘의 할 일을 정한 후에 그 일을 통해서 얻으려는 목표가 무엇인지 머릿속에 그려내는 것이다. 이것은 상상력을 통해서 이뤄진다.

오늘 공부 계획

공부할 내용 및 범위	V
	☐
	☐
	☐
	☐

오늘 공부 일지

시작	종료	나만의 학습 시간표	결과 및 대책 세우기
:	~ :		
:	~ :		
:	~ :		
:	~ :		
:	~ :		
:	~ :		
:	~ :		
:	~ :		
:	~ :		
:	~ :		
:	~ :		

예상 공부 시간	실제 공부 시간	목표 달성 점수

나를 칭찬합니다

D-

금요일

정해진 길 없이 무턱대고 공부하는 것은 매우 위험한 발상이다. 방법을 정해놓고 공부하지 않으면 조금 시간이 지난 후에는 내가 뭘 하고 있는지 모르게 되기 때문이다.

오늘 공부 계획

공부할 내용 및 범위	V
	☐
	☐
	☐
	☐

오늘 공부 일지

시작	종료	나만의 학습 시간표	결과 및 대책 세우기
: ~ :			
: ~ :			
: ~ :			
: ~ :			
: ~ :			
: ~ :			
: ~ :			
: ~ :			
: ~ :			
: ~ :			
: ~ :			

예상 공부 시간	실제 공부 시간	목표 달성 점수 0 25 50 75 100

나를 칭찬합니다

D-

토요일

경험상 가장 좋은 보상은 공부를 더더욱 깊게 하는 것이었다. 30분의 추가 시간을 가진다면 좀 더 깊게 공부해보자는 열정으로 같은 내용도 더 훑고 다른 책도 이리저리 뒤적여가면서 실력을 늘릴 수 있기 때문이었다.

오늘 공부 계획

공부할 내용 및 범위	V
	☐
	☐
	☐
	☐

오늘 공부 일지

시작	종료	나만의 학습 시간표	결과 및 대책 세우기
: ~ :			
: ~ :			
: ~ :			
: ~ :			
: ~ :			
: ~ :			
: ~ :			
: ~ :			
: ~ :			
: ~ :			
: ~ :			

예상 공부 시간	실제 공부 시간	목표 달성 점수

나를 칭찬합니다

D-

일요일

실패에 대비한 계획을 미리 세워두는 사람은 때때로 패배하더라도, 장기적으로는 패배하지 않는다.

오늘 공부 계획

공부할 내용 및 범위	V
	☐
	☐
	☐
	☐

오늘 공부 일지

시작	종료	나만의 학습 시간표	결과 및 대책 세우기
: ~ :			
: ~ :			
: ~ :			
: ~ :			
: ~ :			
: ~ :			
: ~ :			
: ~ :			
: ~ :			
: ~ :			
: ~ :			

예상 공부 시간   실제 공부 시간   목표 달성 점수

나를 칭찬합니다

주간 평가

 강좌 체크

강좌명	M	T	W	T	F	S	S

생활 체크

생활방식	M	T	W	T	F	S	S
플래너 출석							
취침 시간							
기상 시간							
운동							

셀프 반성

셀프 칭찬

셀프 격려

 셀프 다짐

D-

월요일

공부를 잘하기 위해서는 어떤 문제집을 보든 상관없지만, 일단 문제집 한 권을 잡
았으면 마지막 페이지까지 보는 집요함만은 반드시 있어야 한다.

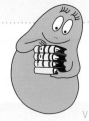

 오늘 공부 계획

공부할 내용 및 범위	V
🖊	☐
🖊	☐
🖊	☐
🖊	☐

오늘 공부 일지

시작	종료	나만의 학습 시간표	결과 및 대책 세우기
: ~ :			
: ~ :			
: ~ :			
: ~ :			
: ~ :			
: ~ :			
: ~ :			
: ~ :			
: ~ :			
: ~ :			
: ~ :			
: ~ :			

예상 공부 시간	실제 공부 시간	목표 달성 점수 0 25 50 75 100

나를 칭찬합니다

D-

화요일

시작한 것은 반드시 끝을 보라. 끝을 보지 않았으면 그 끝을 볼 때까지 끈질기게
매달리고 다른 것으로 절대 넘어가지 않는 습관을 가져라.

오늘 공부 계획

공부할 내용 및 범위	V
	☐
	☐
	☐
	☐

오늘 공부 일지

시작	종료	나만의 학습 시간표	결과 및 대책 세우기
: ~ :			
: ~ :			
: ~ :			
: ~ :			
: ~ :			
: ~ :			
: ~ :			
: ~ :			
: ~ :			
: ~ :			
: ~ :			
: ~ :			

예상 공부 시간	실제 공부 시간	목표 달성 점수	25	50	75	100

나를 칭찬합니다

D-

수요일

공부 자체가 결코 어려운 것이 아니다. 공부가 아닌 것들을 내 삶에서 제거하는 과정이 필요할 뿐이다. 공부를 잘하려면 유혹을 이기고 절제하는 법부터 반드시 배워야 한다.

오늘 공부 계획

공부할 내용 및 범위	V
	☐
	☐
	☐
	☐

오늘 공부 일지

시작	종료	나만의 학습 시간표	결과 및 대책 세우기
: ~ :			
: ~ :			
: ~ :			
: ~ :			
: ~ :			
: ~ :			
: ~ :			
: ~ :			
: ~ :			
: ~ :			
: ~ :			

예상 공부 시간	실제 공부 시간	목표 달성 점수 0 25 50 75 100

나를 칭찬합니다

D-

목요일

해서는 안될 일을 하지 않기 위해서 꾹 참는 것이 해답은 아니다. 오히려 그것과
반대되는 것을 하면 다른 것은 자연히 시들해진다는 원리를 알아야 한다.

 오늘 공부 계획

공부할 내용 및 범위	V
	☐
	☐
	☐
	☐

 오늘 공부 일지

시작	종료	나만의 학습 시간표	결과 및 대책 세우기
: ~ :			
: ~ :			
: ~ :			
: ~ :			
: ~ :			
: ~ :			
: ~ :			
: ~ :			
: ~ :			
: ~ :			
: ~ :			

예상 공부 시간	실제 공부 시간	목표 달성 점수 0 25 50 75 100

나를 칭찬합니다

D-

금요일

게으른 자는 자기가 잡을 수 있는 것도 잡지 못한다고 말한다. 반대로 해석하면, 실패를 두려워하지 않아야 부지런할 수 있고, 부지런해지면 우리에게 허락된 것들을 모두 잡을 수 있다는 말이다.

오늘 공부 계획

공부할 내용 및 범위	V
	☐
	☐
	☐
	☐

오늘 공부 일지

시작	종료	나만의 학습 시간표	결과 및 대책 세우기
: ~ :			
: ~ :			
: ~ :			
: ~ :			
: ~ :			
: ~ :			
: ~ :			
: ~ :			
: ~ :			
: ~ :			
: ~ :			
: ~ :			

예상 공부 시간	실제 공부 시간	목표 달성 점수 ③ ㉕ ㏒ ㎖ ㈜

나를 칭찬합니다

D-

토요일

매일 안 풀리던 30개의 문제를 수첩에 적어 가지고 다니면서 끊임없이 고민하니 바로 다음 달부터 성적이 오르기 시작했다. 잡을 수 없다고 생각했던 것들이 사실은 모두 내가 잡을 수 있는 사냥감들이었다.

 오늘 공부 계획

공부할 내용 및 범위	V
	☐
	☐
	☐
	☐

오늘 공부 일지

시작	종료	나만의 학습 시간표	결과 및 대책 세우기
: ~ :			
: ~ :			
: ~ :			
: ~ :			
: ~ :			
: ~ :			
: ~ :			
: ~ :			
: ~ :			
: ~ :			
: ~ :			
: ~ :			

예상 공부 시간	실제 공부 시간	목표 달성 점수

 나를 칭찬합니다

D-

일요일

실력을 높이려는 사람들은 남들의 조언에 귀를 기울여야 한다. 실력이 잘 오르지 않는 것은 단순히 머리가 나빠서가 아니다. 다만 공통점이 있다면 하나같이 고집 불통이라는 점이다.

오늘 공부 계획

공부할 내용 및 범위	V
	☐
	☐
	☐
	☐

오늘 공부 일지

시작	종료	나만의 학습 시간표	결과 및 대책 세우기
: ~ :			
: ~ :			
: ~ :			
: ~ :			
: ~ :			
: ~ :			
: ~ :			
: ~ :			
: ~ :			
: ~ :			
: ~ :			
: ~ :			

예상 공부 시간	실제 공부 시간	목표 달성 점수	0	25	50	75	100

 나를 칭찬합니다

주간 평가

 강좌 체크

강좌명	M	T	W	T	F	S	S

생활 체크

생활방식	M	T	W	T	F	S	S
플래너 출석							
취침 시간							
기상 시간							
운동							

 셀프 반성

 셀프 칭찬

 셀프 격려

 셀프 다짐

D-

월요일

틀린 문제를 공부하는 것으로는 부족하다. 틀린 문제가 나오면 '좋아해야' 한다. 문제가 당신의 실력을 높일 수 있도록 조언해주는 것이나 마찬가지이기 때문이다.

오늘 공부 계획

공부할 내용 및 범위	V
	☐
	☐
	☐
	☐

오늘 공부 일지

시작	종료	나만의 학습 시간표	결과 및 대책 세우기
:	~ :		
:	~ :		
:	~ :		
:	~ :		
:	~ :		
:	~ :		
:	~ :		
:	~ :		
:	~ :		
:	~ :		
:	~ :		
:	~ :		

예상 공부 시간   실제 공부 시간   목표 달성 점수 0   25   50   75   100

나를 칭찬합니다

D-

화요일

많은 학생들이 자기 실력이 제대로 쌓였는지 확인하는 데 소홀하다. 그 노력이 실력 향상이라는 성과를 이뤄냈는지, 공부를 끝낼 때마다 점검하는 단계가 반드시 필요하다.

오늘 공부 계획

공부할 내용 및 범위	V
	☐
	☐
	☐
	☐

오늘 공부 일지

시작	종료	나만의 학습 시간표	결과 및 대책 세우기
: ~ :			
: ~ :			
: ~ :			
: ~ :			
: ~ :			
: ~ :			
: ~ :			
: ~ :			
: ~ :			
: ~ :			
: ~ :			

예상 공부 시간	실제 공부 시간	목표 달성 점수	0 25 50 75 100

나를 칭찬합니다

D-

공부는 정직한 것이다. 앞서 이야기한 공부 태도로 매일을 성실하게 살면 결국 누구라도 공부를 잘하게 된다.

오늘 공부 계획

공부할 내용 및 범위	V
	☐
	☐
	☐
	☐

오늘 공부 일지

시작	종료	나만의 학습 시간표	결과 및 대책 세우기
:	~ :		
:	~ :		
:	~ :		
:	~ :		
:	~ :		
:	~ :		
:	~ :		
:	~ :		
:	~ :		
:	~ :		
:	~ :		
:	~ :		

예상 공부 시간	실제 공부 시간	목표 달성 점수 0 25 50 75 100

나를 칭찬합니다

D-

비전의 역할은 점쟁이처럼 우리에게 미래를 알려주는 것이 아니라, 우리의 성장을 돕고 노력의 방향을 잡아주는 데 있다.

오늘 공부 계획

공부할 내용 및 범위	V
	☐
	☐
	☐
	☐

오늘 공부 일지

시작	종료	나만의 학습 시간표	결과 및 대책 세우기
:	~ :		
:	~ :		
:	~ :		
:	~ :		
:	~ :		
:	~ :		
:	~ :		
:	~ :		
:	~ :		
:	~ :		
:	~ :		
:	~ :		

예상 공부 시간	실제 공부 시간	목표 달성 점수

나를 칭찬합니다

나쁜 습관을 버려야겠다고 생각하는 것만으로는 자기 삶을 깨끗하게 유지하기 어렵다. 나쁜 습관을 반복하는 패턴을 분석해 그 원인을 미리 제거해야 한다.

오늘 공부 계획

공부할 내용 및 범위	V
	☐
	☐
	☐
	☐

오늘 공부 일지

시작	종료	나만의 학습 시간표	결과 및 대책 세우기
: ~ :			
: ~ :			
: ~ :			
: ~ :			
: ~ :			
: ~ :			
: ~ :			
: ~ :			
: ~ :			
: ~ :			
: ~ :			

예상 공부 시간	실제 공부 시간	목표 달성 점수 0 25 50 75 100

나를 칭찬합니다

D-

토요일

공부의 마지막 단계로 무엇을 해야 할까? 바로 '자기만의 언어로 설명하기'다. 쉽게 설명할 수 있다면 확실히 안다는 뜻이다.

오늘 공부 계획

공부할 내용 및 범위	V
✎	☐
✎	☐
✎	☐
✎	☐

오늘 공부 일지

시작	종료	나만의 학습 시간표.	결과 및 대책 세우기
: ~ :			
: ~ :			
: ~ :			
: ~ :			
: ~ :			
: ~ :			
: ~ :			
: ~ :			
: ~ :			
: ~ :			
: ~ :			
: ~ :			

예상 공부 시간	실제 공부 시간	목표 달성 점수

나를 칭찬합니다

D-
일요일

삶이 잘 풀리지 않는다면 잠잠히 기다리는 것이 최선이다. 불행이나 고통을 당하고 있는 사람을 위로하는 방법 또한 잠잠히 옆에 있어주는 게 가장 좋다.

오늘 공부 계획

공부할 내용 및 범위	V
	☐
	☐
	☐
	☐

오늘 공부 일지

시작	종료	나만의 학습 시간표	결과 및 대책 세우기
: ~ :			
: ~ :			
: ~ :			
: ~ :			
: ~ :			
: ~ :			
: ~ :			
: ~ :			
: ~ :			
: ~ :			
: ~ :			
: ~ :			

예상 공부 시간	실제 공부 시간	목표 달성 점수

나를 칭찬합니다

주간 평가

 강좌 체크

 생활 체크

강좌명	M	T	W	T	F	S	S

생활방식	M	T	W	T	F	S	S
플래너 출석							
취침 시간							
기상 시간							
운동							

 셀프 반성

 셀프 격려

셀프 칭찬

 셀프 다짐

걱정봇에게 맡겨봐

공부를 하다가도 찾아오는 불청객이 있지. 불안 말이야. 불안은 걱정을 끌고 오지. 걱정을 오래 하면 할수록 우울해지고, 자괴감만 쌓일 거야. 걱정이 되는 것들을 적어보고, 해결 방안도 같이 적어보자. 그리고 훌훌 털어버리자.

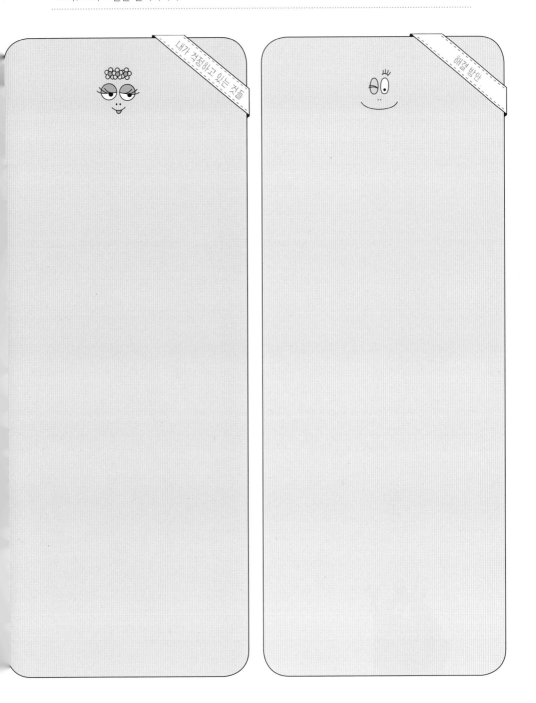

내가 걱정하고 있는 것들

해결 방안

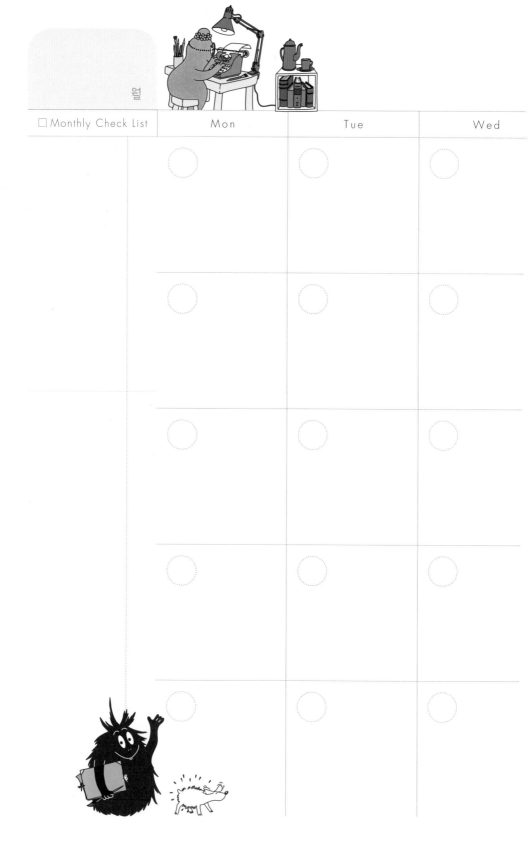

월

☐ Monthly Check List | Mon | Tue | Wed

Thu	Fri	Sat	Sun
( )	( )	( )	( )
( )	( )	( )	( )
( )	( )	( )	( )
( )	( )	( )	( )
( )	( )	( )	( )

D-

월요일

"네가 목표를 정했다면, 그리고 꿈이 생겼다면 다른 건 아무것도 하지 말고 지금 바로 시작해. 그러면 실제로 이루어져."

오늘 공부 계획

공부할 내용 및 범위	V
	☐
	☐
	☐
	☐

오늘 공부 일지

시작	종료	나만의 학습 시간표	결과 및 대책 세우기
:	~ :		
:	~ :		
:	~ :		
:	~ :		
:	~ :		
:	~ :		
:	~ :		
:	~ :		
:	~ :		
:	~ :		
:	~ :		
:	~ :		

예상 공부 시간   실제 공부 시간   목표 달성 비율 0 25 50 75 100

나를 칭찬합니다

D-

화요일

공부는 지겹고 끔찍하고 고통스러운 일이라 생각했는데, 막상 해보니 꽤 할 만했다. 책에 있는 설명이 이해 가는 게 신기했고, 문제가 술술 풀리는 것도 재밌었다.

오늘 공부 계획

공부할 내용 및 범위	V
	☐
	☐
	☐
	☐

오늘 공부 일지

시작	종료	나만의 학습 시간표	결과 및 대책 세우기
: ~ :			
: ~ :			
: ~ :			
: ~ :			
: ~ :			
: ~ :			
: ~ :			
: ~ :			
: ~ :			
: ~ :			

예상 공부 시간   실제 공부 시간   목표 달성 비율 0   25   50   75   100

나를 칭찬합니다

D-

수요일

단어를 외운다는 건 마치 수채화를 그리듯 여러 번 머릿속에 덧칠해가며 정복하는 것이다. 딱 한 번에 완벽하게 내 것으로 만드는 게 아니라.

 오늘 공부 계획

공부할 내용 및 범위	V
	☐
	☐
	☐
	☐

 오늘 공부 일지

시작	종료	나만의 학습 시간표	결과 및 대책 세우기
:	~ :		
:	~ :		
:	~ :		
:	~ :		
:	~ :		
:	~ :		
:	~ :		
:	~ :		
:	~ :		
:	~ :		
:	~ :		
:	~ :		

예상 공부 시간	실제 공부 시간	목표 달성 비율

🔖 나를 칭찬합니다

D-

목요일

수학 시험은 네가 어떤 지식을 제대로 암기하고 있는지 측정하려는 게 아니다. 그보다는 스스로 풀이 방법에 대한 아이디어를 떠올리는 능력을 가지고 있는지 테스트하는 것이다.

오늘 공부 계획

공부할 내용 및 범위	V
	☐
	☐
	☐
	☐

오늘 공부 일지

시작	종료	나만의 학습 시간표	결과 및 대책 세우기
: ~ :			
: ~ :			
: ~ :			
: ~ :			
: ~ :			
: ~ :			
: ~ :			
: ~ :			
: ~ :			
: ~ :			
: ~ :			
: ~ :			

예상 공부 시간   실제 공부 시간   목표 달성 비율

나를 칭찬합니다

D-

금요일

"물론 나도 꿈이 있고 목표가 있어. 하지만 꿈에 끌려다니고 싶지는 않아. 단지 열심히 공부하면서 점점 꿈을 키워 나가고 싶은 거야. 그냥 매일매일 발전해가는 내 모습을 보면서 즐겁게 공부하고 싶어."

오늘 공부 계획

공부할 내용 및 범위	V
	☐
	☐
	☐
	☐

오늘 공부 일지

시작	종료	나만의 학습 시간표	결과 및 대책 세우기
: ~ :			
: ~ :			
: ~ :			
: ~ :			
: ~ :			
: ~ :			
: ~ :			
: ~ :			
: ~ :			
: ~ :			
: ~ :			

예상 공부 시간   실제 공부 시간   목표 달성 비율 0   25   50   75   100

나를 칭찬합니다

D-
토요일

자신의 실력이 모자란다고 생각되면 겸손한 마음으로 쉬운 것부터 시작해야 하는데, 자세히 설명된 기본서를 시작으로 차근차근 공부해야 한다.

오늘 공부 계획

공부할 내용 및 범위	V
	☐
	☐
	☐
	☐

오늘 공부 일지

시작	종료	나만의 학습 시간표	결과 및 대책 세우기
: ~ :			
: ~ :			
: ~ :			
: ~ :			
: ~ :			
: ~ :			
: ~ :			
: ~ :			
: ~ :			
: ~ :			
: ~ :			
: ~ :			

예상 공부 시간   실제 공부 시간   목표 달성 비율   0   25   50   75   100

나를 칭찬합니다

D-

일요일

실력을 향상시키기 위해서는 기본서 위주로 기초를 다지는 공부를 해야 함을 잊어서는 안 된다.

오늘 공부 계획

공부할 내용 및 범위	V
	☐
	☐
	☐
	☐

오늘 공부 일지

시작	종료	나만의 학습 시간표	결과 및 대책 세우기
: ~ :			
: ~ :			
: ~ :			
: ~ :			
: ~ :			
: ~ :			
: ~ :			
: ~ :			
: ~ :			
: ~ :			
: ~ :			

예상 공부 시간	실제 공부 시간	목표 달성 비율 0 25 50 75 100

나를 칭찬합니다

주간 평가

 강좌 체크

생활 체크

강좌명	M	T	W	T	F	S	S

생활방식	M	T	W	T	F	S	S
플래너 출석							
취침 시간							
기상 시간							
운동							

셀프 반성

셀프 칭찬

셀프 격려

 셀프 다짐

D-

월요일

단순히 머릿속에 지식을 쑤셔 넣는 공부는 재미가 없다. 공부의 재미란 모르는 것을 알 때 생기는 법이다. 즉, 공부가 재미있으려면 일단 '궁금해하는 것'이 있어야 한다. 교재의 내용을 그냥 읽지 말고 질문을 하면서 읽어야 한다.

오늘 공부 계획

공부할 내용 및 범위	V
	☐
	☐
	☐
	☐

오늘 공부 일지

시작	종료	나만의 학습 시간표	결과 및 대책 세우기
: ~ :			
: ~ :			
: ~ :			
: ~ :			
: ~ :			
: ~ :			
: ~ :			
: ~ :			
: ~ :			
: ~ :			
: ~ :			

예상 공부 시간	실제 공부 시간	목표 달성 비율 0 25 50 75 100

나를 칭찬합니다

D-

화요일

다음 시험에서 성적이 오를지, 좋은 대학에 입학할지는 '오늘 바로' 알 수 있다. 스터디 다이어리를 덮은 후, 현명한 독자들은 액션을 취할 것이다.

오늘 공부 계획

공부할 내용 및 범위	V
	☐
	☐
	☐
	☐

오늘 공부 일지

시작	종료	나만의 학습 시간표	결과 및 대책 세우기
:	~ :		
:	~ :		
:	~ :		
:	~ :		
:	~ :		
:	~ :		
:	~ :		
:	~ :		
:	~ :		
:	~ :		
:	~ :		
:	~ :		

예상 공부 시간   실제 공부 시간   목표 달성 비율 0 25 50 75 100

🔖 나를 칭찬합니다

D-
수요일

전략을 가지고 공부하는 학생들은 공부할 내용을 한정한다. 그들은 '무엇을 보지 않을까?'라는 질문을 던진다. 중요도를 판단해서 시간 대비 효율이 낮다고 판단되는 것은 과감하게 제외하자.

오늘 공부 계획

공부할 내용 및 범위	V
	☐
	☐
	☐
	☐

오늘 공부 일지

시작	종료	나만의 학습 시간표	결과 및 대책 세우기
: ~ :			
: ~ :			
: ~ :			
: ~ :			
: ~ :			
: ~ :			
: ~ :			
: ~ :			
: ~ :			
: ~ :			
: ~ :			
: ~ :			

예상 공부 시간	실제 공부 시간	목표 달성 비율

 나를 칭찬합니다

D-

목요일

무엇인가 제대로 이해하면서 공부했다면 쉬는 시간에 반드시 그 내용에 관한 잔상이 남는다.

오늘 공부 계획

공부할 내용 및 범위	V
	☐
	☐
	☐
	☐

오늘 공부 일지

시작	종료	나만의 학습 시간표	결과 및 대책 세우기
: ~ :			
: ~ :			
: ~ :			
: ~ :			
: ~ :			
: ~ :			
: ~ :			
: ~ :			
: ~ :			
: ~ :			
: ~ :			
: ~ :			

예상 공부 시간   실제 공부 시간   목표 달성 비율 0 25 50 75 100

나를 칭찬합니다

D-
금요일

방학이 성공하느냐 실패하느냐는 '무엇을 공부하느냐'에 좌우되는 것이 아니다.
그보다는 '얼마나 늦잠을 자지 않을 수 있느냐', '얼마나 게으르지 않을 수 있느냐'
에 좌우되는 것이다.

 오늘 공부 계획

공부할 내용 및 범위	V
	☐
	☐
	☐
	☐

오늘 공부 일지

시작	종료	나만의 학습 시간표	결과 및 대책 세우기
: ~ :			
: ~ :			
: ~ :			
: ~ :			
: ~ :			
: ~ :			
: ~ :			
: ~ :			
: ~ :			
: ~ :			
: ~ :			
: ~ :			

예상 공부 시간	실제 공부 시간	목표 달성 비율 0 25 50 75 100

나를 칭찬합니다

D-

토요일

우리가 남다른 노력을 하면 반작용이 생길 수 있다. 그것은 질투, 조롱 등 여러 모습으로 나타나는데, 그런 일이 일어나도 이상하게 생각하지 않아도 된다. 그것은 인간의 본성과 역사가 '자연스러운 현상'이라는 것을 증명한다.

오늘 공부 계획

공부할 내용 및 범위	V
	☐
	☐
	☐
	☐

오늘 공부 일지

시작	종료	나만의 학습 시간표	결과 및 대책 세우기
: ~ :			
: ~ :			
: ~ :			
: ~ :			
: ~ :			
: ~ :			
: ~ :			
: ~ :			
: ~ :			
: ~ :			
: ~ :			
: ~ :			

예상 공부 시간	실제 공부 시간	목표 달성 비율

나를 칭찬합니다

D-

일요일

공부의 고통이 지나치게 크다거나 공부의 재미를 아직 한 번도 느껴보지 못했다면 그건 문제가 있다.

 오늘 공부 계획

공부할 내용 및 범위	V
	☐
	☐
	☐
	☐

오늘 공부 일지

시작	종료	나만의 학습 시간표	결과 및 대책 세우기
: ~ :			
: ~ :			
: ~ :			
: ~ :			
: ~ :			
: ~ :			
: ~ :			
: ~ :			
: ~ :			
: ~ :			
: ~ :			

예상 공부 시간	실제 공부 시간	목표 달성 비율	0 25 50 75 100

 나를 칭찬합니다

주간 평가

 강좌 체크

 생활 체크

강좌명	M	T	W	T	F	S	S

생활방식	M	T	W	T	F	S	S
플래너 출석							
취침 시간							
기상 시간							
운동							

 셀프 반성

 셀프 칭찬

 셀프 격려

 셀프 다짐

D-

나는 싸움에서 이기는 방법을 알고 있다. 이기는 방법은 간단하다. 그것은 이길 때까지 싸우는 것이다.

오늘 공부 계획

공부할 내용 및 범위	V
	☐
	☐
	☐
	☐

오늘 공부 일지

시작	종료	나만의 학습 시간표	결과 및 대책 세우기
:	~ :		
:	~ :		
:	~ :		
:	~ :		
:	~ :		
:	~ :		
:	~ :		
:	~ :		
:	~ :		
:	~ :		
:	~ :		

예상 공부 시간	실제 공부 시간	목표 달성 비율 0 25 50 75 100

🔖 나를 칭찬합니다

D-

우리는 왜 공부를 할까? 많은 이유 중 하나는 자기 자신에게 좀 더 자신감을 가지게 되고, 스스로를 사랑하기가 쉬워진다는 것이다.

오늘 공부 계획

공부할 내용 및 범위	V
	☐
	☐
	☐
	☐

오늘 공부 일지

시작	종료	나만의 학습 시간표	결과 및 대책 세우기
: ~ :			
: ~ :			
: ~ :			
: ~ :			
: ~ :			
: ~ :			
: ~ :			
: ~ :			
: ~ :			
: ~ :			
: ~ :			

예상 공부 시간   실제 공부 시간   목표 달성 비율 0   25   50   75   100

나를 칭찬합니다

D-

수요일

사람의 인생은 한 번뿐이고, 공부란 것은 세상에서 사람이 할 수 있는 수많은 것들 중 하나일 뿐이다.

오늘 공부 계획

공부할 내용 및 범위	V
	☐
	☐
	☐
	☐

오늘 공부 일지

시작	종료	나만의 학습 시간표	결과 및 대책 세우기
: ~ :			
: ~ :			
: ~ :			
: ~ :			
: ~ :			
: ~ :			
: ~ :			
: ~ :			
: ~ :			
: ~ :			
: ~ :			
: ~ :			

예상 공부 시간	실제 공부 시간	목표 달성 비율

나를 칭찬합니다

D-

목요일

공부의 비결은 의외로 가까이 있다. 그것은 학교 수업시간 속에 있고, 바로 눈앞에 있는 책 속에 있다.

오늘 공부 계획

공부할 내용 및 범위	V
	☐
	☐
	☐
	☐

오늘 공부 일지

시작	종료	나만의 학습 시간표	결과 및 대책 세우기
:	~ :		
:	~ :		
:	~ :		
:	~ :		
:	~ :		
:	~ :		
:	~ :		
:	~ :		
:	~ :		
:	~ :		
:	~ :		
:	~ :		

예상 공부 시간   실제 공부 시간   목표 달성 비율 0   25   50   75   100

나를 칭찬합니다

D-

금요일

내가 간절히 원하는 것은 마음 편하게 공부만 할 수 있는 삶을 누리는 것이었다.
단 하루만이라도 책 속에 빠져 지식의 세계에 나를 완전히 담그는 시간을 가져보
고 싶었다.

오늘 공부 계획

공부할 내용 및 범위	V
	☐
	☐
	☐
	☐

오늘 공부 일지

시작	종료	나만의 학습 시간표	결과 및 대책 세우기
: ~ :			
: ~ :			
: ~ :			
: ~ :			
: ~ :			
: ~ :			
: ~ :			
: ~ :			
: ~ :			
: ~ :			
: ~ :			

예상 공부 시간	실제 공부 시간	목표 달성 비율 %	0	25	50	75	100

 나를 칭찬합니다

D-

참아라. 당장은 괴롭겠지만 그 기간은 절대 오래 지속되지 않는다. 계속 공부를 하다보면 점점 공부할 양이 줄어들게 된다. 자신이 공부한 부분을 기록하는 습관 은 이 기간을 좀 더 쉽게 통과하는 데 많은 도움이 된다.

 오늘 공부 계획

공부할 내용 및 범위	V
	☐
	☐
	☐
	☐

오늘 공부 일지

시작	종료	나만의 학습 시간표	결과 및 대책 세우기
: ~ :			
: ~ :			
: ~ :			
: ~ :			
: ~ :			
: ~ :			
: ~ :			
: ~ :			
: ~ :			
: ~ :			
: ~ :			

예상 공부 시간	실제 공부 시간	목표 달성 비율 0 25 50 75 100

 나를 칭찬합니다

D-

일요일

나는 공부의 속성을 깨달았는데, 그것은 공부를 위해 무언가 희생을 하게 되면 공부에 엄청난 가속도가 붙게 된다는 사실이었다.

오늘 공부 계획

공부할 내용 및 범위	V
🖊	☐
🖊	☐
🖊	☐
🖊	☐

오늘 공부 일지

시작	종료	나만의 학습 시간표	결과 및 대책 세우기
: ~ :			
: ~ :			
: ~ :			
: ~ :			
: ~ :			
: ~ :			
: ~ :			
: ~ :			
: ~ :			
: ~ :			
: ~ :			

예상 공부 시간	실제 공부 시간	목표 달성 비율 0 25 50 75 100

 나를 칭찬합니다

주간 평가

강좌 체크

강좌명	M	T	W	T	F	S	S

생활 체크

생활방식	M	T	W	T	F	S	S
플래너 출석							
취침 시간							
기상 시간							
운동							

셀프 반성

셀프 칭찬

셀프 격려

셀프 다짐

D-

월요일

성적을 올리는 데 필요한 마음가짐이 두 가지 있는데, 그건 '평정심'과 '자신감'이라 할 수 있다.

 오늘 공부 계획

공부할 내용 및 범위	V
	☐
	☐
	☐
	☐

 오늘 공부 일지

시작	종료	나만의 학습 시간표	결과 및 대책 세우기
: ~ :			
: ~ :			
: ~ :			
: ~ :			
: ~ :			
: ~ :			
: ~ :			
: ~ :			
: ~ :			
: ~ :			
: ~ :			
: ~ :			

예상 공부 시간	실제 공부 시간	목표 달성 비율 0 25 50 75 100

나를 칭찬합니다

D-

화요일

많은 사람들이 자신의 정직하지 못함은 자책하면서도 정작 자신의 실력이 부족하다는 사실에는 별다른 죄책감을 느끼지 못한다.

오늘 공부 계획

공부할 내용 및 범위	V
	☐
	☐
	☐
	☐

오늘 공부 일지

시작	종료	나만의 학습 시간표	결과 및 대책 세우기
: ~ :			
: ~ :			
: ~ :			
: ~ :			
: ~ :			
: ~ :			
: ~ :			
: ~ :			
: ~ :			
: ~ :			
: ~ :			

예상 공부 시간   실제 공부 시간   목표 달성 비율 0   25   50   75   100

나를 칭찬합니다

많은 사람들이 자신의 계획이 지켜지지 않으면 마치 판돈 올리듯 공부 분량을 늘린다. 지키지 못한 공부 계획을 한꺼번에 되찾고 싶기 때문이다. 그러나 현명한 사람은 감정을 절제하고 그들과 반대로 움직인다.

 오늘 공부 계획

공부할 내용 및 범위	V
	☐
	☐
	☐
	☐

오늘 공부 일지

시작	종료	나만의 학습 시간표	결과 및 대책 세우기
: ~ :			
: ~ :			
: ~ :			
: ~ :			
: ~ :			
: ~ :			
: ~ :			
: ~ :			
: ~ :			
: ~ :			
: ~ :			
: ~ :			

예상 공부 시간	실제 공부 시간	목표 달성 비율 0 25 50 75 100

나를 칭찬합니다

D-

목요일

공부를 잘하는 능력은 공부 이외의 것을 포기하는 절제력과 일치한다.

오늘 공부 계획

공부할 내용 및 범위	V
🖊	☐
🖊	☐
🖊	☐
🖊	☐

오늘 공부 일지

시작	종료	나만의 학습 시간표	결과 및 대책 세우기
: ~ :		
: ~ :		
: ~ :		
: ~ :		
: ~ :		
: ~ :		
: ~ :		
: ~ :		
: ~ :		
: ~ :		
: ~ :		
: ~ :		

예상 공부 시간   실제 공부 시간   목표 달성 비율 0   25   50   75   100

나를 칭찬합니다

D-

금요일

실패가 두려운 사람은 사소한 선택에서조차 조언 없이는 앞으로 나아가지 못한다. 남보다 뒤처지거나 실패해버릴 것이라는 두려움이 마음 밑바닥에 깔려 있기 때문이다.

오늘 공부 계획

공부할 내용 및 범위	V
	☐
	☐
	☐
	☐

오늘 공부 일지

시작	종료	나만의 학습 시간표	결과 및 대책 세우기
: ~ :			
: ~ :			
: ~ :			
: ~ :			
: ~ :			
: ~ :			
: ~ :			
: ~ :			
: ~ :			
: ~ :			
: ~ :			
: ~ :			

예상 공부 시간	실제 공부 시간	목표 달성 비율 ⁰ 25 50 75 100

 나를 칭찬합니다

D-

토요일

남들이 따라올 수 없는 실력을 만들기 위해서는 당연한 말이지만 남들이 결코 따라 할 수 없는 노력을 기울여야 한다.

 오늘 공부 계획

공부할 내용 및 범위	V
	☐
	☐
	☐
	☐

오늘 공부 일지

시작	종료	나만의 학습 시간표	결과 및 대책 세우기
: ~ :			
: ~ :			
: ~ :			
: ~ :			
: ~ :			
: ~ :			
: ~ :			
: ~ :			
: ~ :			
: ~ :			
: ~ :			
: ~ :			

예상 공부 시간   실제 공부 시간   목표 달성 비율 0   25   50   75   100

나를 칭찬합니다

D-

일요일

충고는 우리 주위의 사람들뿐만 아니라 내가 하고 있는 공부로부터 직접 끌어낼 수도 있다. 틀린 문제가 바로 그렇다. "내 생각에는 네가 이런 부분이 부족하다고 생각해"라고 말하는 것과도 같은 것이다.

 오늘 공부 계획

공부할 내용 및 범위	V
	☐
	☐
	☐
	☐

오늘 공부 일지

시작	종료	나만의 학습 시간표	결과 및 대책 세우기
: ~ :			
: ~ :			
: ~ :			
: ~ :			
: ~ :			
: ~ :			
: ~ :			
: ~ :			
: ~ :			
: ~ :			
: ~ :			

예상 공부 시간	실제 공부 시간	목표 달성 비율	0	25	50	75	100

 나를 칭찬합니다

주 간 평 가

 강좌 체크

강좌명	M	T	W	T	F	S	S

생활 체크

생활방식	M	T	W	T	F	S	S
플래너 출석							
취침 시간							
기상 시간							
운동							

 셀프 반성

 셀프 칭찬

 셀프 격려

 셀프 다짐

공부 십계명

공부를 다 하고 나서 하루를 되돌아보고 정리하는 것은 중요한 일이지. 공부 십계명을 보고 내가 이루고 싶은 꿈이나 목표를 생각해보고 나는 최선을 다했는지 어떤 것을 노력해야 하는지 생각해 보자.

 오늘 나는 결과에만 집착하거나, 실력 이상의 성과를 바라지는 않았나?
결과보다는 실력 자체를 위한 노력을 다했는가?

 오늘 나는 노력을 기울여야 할 분명한 목표들을 정하고 시작했나?
나는 그 목표들을 이떤 이유로 세운 것인가?

 오늘 나는 큰 목표 앞에 두려움을 가지지는 않았나?
큰 목표를 잘게 쪼개어 단계별로 끝내려는 노력을 충분히 했는가?

 오늘 나는 공부를 가르치는 사람에게 얼마나 존경하는 마음을 가졌나?
내 얄팍한 판단기준과 고집으로 나보다 앞선 사람을 얕잡아보지는 않았는가?

 오늘 나는 일단 시작한 것을 끝내기 위해 절실한 마음으로 매달렸나?
쉬워 보이는 다른 공부로 넘어가버리지는 않았는가?

 오늘 나는 절제해야 할 것들에 손을 대지는 않았나?

 오늘 나는 앞날에 대한 두려움으로 인해 게으름으로 도망치지는 않았나?

 오늘 나는 남들의 시선을 지나치게 의식해서 내가 옳다고 생각한 행동을 하지 못한 적이 있나?

 오늘 나는 선생님이나, 부모님, 친구들의 정직한 조언에 귀를 기울였나?

 오늘 나는 모든 공부를 어린아이에게도 설명할 수 있을 만큼 완전히 내 것으로 소화했나?

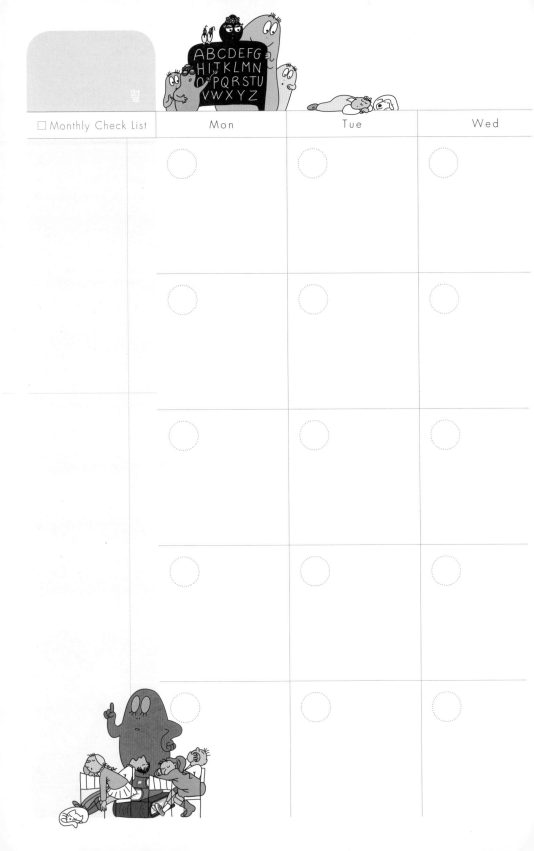

☐ Monthly Check List | Mon | Tue | Wed

이번 달 목표 _____

Thu	Fri	Sat	Sun
◯	◯	◯	◯
◯	◯	◯	◯
◯	◯	◯	◯
◯	◯	◯	◯
◯	◯	◯	◯

내가 평생을 걸쳐 매달릴 만한 그런 일을 찾을 수 있다면 그것이 설령 돈벌이가 별로 되지 않는다고 해도, 알아주고 칭찬해주는 사람이 없다고 해도 괜찮을 것 같 았다.

오늘 공부 계획

공부할 내용 및 범위	V
	☐
	☐
	☐
	☐

오늘 공부 일지

시작	종료	나만의 학습 시간표	결과 및 대책 세우기
: ~ :			
: ~ :			
: ~ :			
: ~ :			
: ~ :			
: ~ :			
: ~ :			
: ~ :			
: ~ :			
: ~ :			
: ~ :			
: ~ :			

예상 공부 시간 실제 공부 시간 목표 달성 비율 0 25 50 75 100

나를 칭찬합니다

D-

화요일

"하기 싫은 일인데도 일단 시작하잖아? 그러면 뇌에서는 이상한 호르몬 같은 게 나와. 일종의 마약이지. 그게 하기 싫다는 생각 자체를 마비시켜서 계속 그 일을 하게 만들고, 결국 인간을 생존할 수 있게 만들어주는 거야."

오늘 공부 계획

공부할 내용 및 범위	V
	☐
	☐
	☐
	☐

오늘 공부 일지

시작	종료	나만의 학습 시간표	결과 및 대책 세우기
: ~ :			
: ~ :			
: ~ :			
: ~ :			
: ~ :			
: ~ :			
: ~ :			
: ~ :			
: ~ :			
: ~ :			
: ~ :			

예상 공부 시간	실제 공부 시간	목표 달성 비율

나를 칭찬합니다

D-
수요일

"그러니까 공부하기 전에는 아무것도, 절대 아무것도 하면 안 돼. 책상에 앉자마자 곧바로 눈앞에 있는 책을 읽기 시작해야 해. 그러면 신기하게도 하기 싫다는 생각이 사라져. 이미 뇌에서 마법의 호르몬이 나왔거든."

오늘 공부 계획

공부할 내용 및 범위	V
✏	☐
✏	☐
✏	☐
✏	☐

오늘 공부 일지

시작	종료	나만의 학습 시간표	결과 및 대책 세우기
: ~ :			
: ~ :			
: ~ :			
: ~ :			
: ~ :			
: ~ :			
: ~ :			
: ~ :			
: ~ :			
: ~ :			
: ~ :			

예상 공부 시간   실제 공부 시간   목표 달성 비율 0   25   50   75   100

 나를 칭찬합니다

D-

목요일

명확한 꿈이 공부를 하게 만드는 경우도 있지만 그보다는 일단 공부를 열심히 하
면서 꿈도 함께 키워 나가는 게 더 자연스러운 게 아닐까.

오늘 공부 계획

공부할 내용 및 범위   V

☐

☐

☐

☐

오늘 공부 일지

시작	종료	나만의 학습 시간표	결과 및 대책 세우기
:	~ :		
:	~ :		
:	~ :		
:	~ :		
:	~ :		
:	~ :		
:	~ :		
:	~ :		
:	~ :		
:	~ :		
:	~ :		
:	~ :		

예상 공부 시간   실제 공부 시간   목표 달성 비율

 나를 칭찬합니다

D-

금요일

"평소 공부할 때는 문제를 잘 맞히는 게 전혀 중요하지 않아. 그보다는 내가 모르는 내용을 어떻게든 발견하려고 노력해야지."

오늘 공부 계획

공부할 내용 및 범위	V
	☐
	☐
	☐
	☐

오늘 공부 일지

시작	종료	나만의 학습 시간표	결과 및 대책 세우기
:	~ :		
:	~ :		
:	~ :		
:	~ :		
:	~ :		
:	~ :		
:	~ :		
:	~ :		
:	~ :		
:	~ :		
:	~ :		
:	~ :		

예상 공부 시간	실제 공부 시간	목표 달성 비율 0 25 50 75 100

나를 칭찬합니다

D-

토요일

자신감은 높은 점수를 받기 위한 필수적인 마음가짐이다.

오늘 공부 계획

	공부할 내용 및 범위	V
✎		☐
✎		☐
✎		☐
✎		☐

오늘 공부 일지

시작	종료	나만의 학습 시간표	결과 및 대책 세우기
: ~ :			
: ~ :			
: ~ :			
: ~ :			
: ~ :			
: ~ :			
: ~ :			
: ~ :			
: ~ :			
: ~ :			
: ~ :			
: ~ :			

예상 공부 시간	실제 공부 시간	목표 달성 비율 0 25 50 75 (%)

 나를 칭찬합니다

D-

일요일

고민하는 시간이 쓸모없는 게 아니다. 당장 눈에 보이지만 않을 뿐, 나의 '공부 경험치'는 지금도 차곡차곡 쌓여가고 있다..

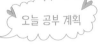
오늘 공부 계획

공부할 내용 및 범위	V
	☐
	☐
	☐
	☐

오늘 공부 일지

시작	종료	나만의 학습 시간표	결과 및 대책 세우기
: ~ :			
: ~ :			
: ~ :			
: ~ :			
: ~ :			
: ~ :			
: ~ :			
: ~ :			
: ~ :			
: ~ :			

예상 공부 시간   실제 공부 시간   목표 달성 비율

 나를 칭찬합니다

주간 평가

 강좌 체크

생활 체크

강좌명	M	T	W	T	F	S	S

생활방식	M	T	W	T	F	S	S
플래너 출석							
취침 시간							
기상 시간							
운동							

 셀프 반성

 셀프 칭찬

 셀프 격려

셀프 다짐

D-

내가 쉽지 않은 이 공부를 해낸다면, 그만큼 남들은 쉽게 하지 못하는 일을 해낼 수 있는 사람, 즉 대체 불가능해지는 사람이 되는 것 아닐까?

오늘 공부 계획

공부할 내용 및 범위	V
	☐
	☐
	☐
	☐

오늘 공부 일지

시작	종료	나만의 학습 시간표	결과 및 대책 세우기
: ~ :			
: ~ :			
: ~ :			
: ~ :			
: ~ :			
: ~ :			
: ~ :			
: ~ :			
: ~ :			
: ~ :			
: ~ :			

예상 공부 시간   실제 공부 시간   목표 달성 비율 0 25 50 75 100

나를 칭찬합니다

D-

화요일

암기할 때 잘 외워지는 특별한 마술 같은 요령이 있는 것이 아니라, 이런 지루한 과정을 누가 잘 참느냐 하는 것이 암기를 잘하는 열쇠다.

오늘 공부 계획

공부할 내용 및 범위	V
	☐
	☐
	☐
	☐

오늘 공부 일지

시작 / 종료	나만의 학습 시간표	결과 및 대책 세우기
: ~ :		
: ~ :		
: ~ :		
: ~ :		
: ~ :		
: ~ :		
: ~ :		
: ~ :		
: ~ :		
: ~ :		
: ~ :		
: ~ :		

예상 공부 시간   실제 공부 시간   목표 달성 비율 0   25   50   75   100

 나를 칭찬합니다

D-

수요일

잠을 줄여야겠다는 생각이 든다는 것은 낮에 하는 공부에 문제가 있다는 말이다.
일찍 잠이 들지 않고서는 버틸 수 없을 만큼 하루를 제대로 보내야 한다.

오늘 공부 계획

공부할 내용 및 범위	V
	☐
	☐
	☐
	☐

오늘 공부 일지

시작	종료	나만의 학습 시간표	결과 및 대책 세우기
: ~ :			
: ~ :			
: ~ :			
: ~ :			
: ~ :			
: ~ :			
: ~ :			
: ~ :			
: ~ :			
: ~ :			
: ~ :			
: ~ :			

예상 공부 시간	실제 공부 시간	목표 달성 비율	0	25	50	75	100

나를 칭찬합니다

쉬는 시간을 예습과 복습의 시간으로 만드는 것은, 남들보다 힘들게 공부하는 방식이 아니다. 오히려 쉽게 공부하는 것이다.

오늘 공부 계획

공부할 내용 및 범위 | V
| ☐ |
| ☐ |
| ☐ |
| ☐ |

오늘 공부 일지

시작	종료	나만의 학습 시간표	결과 및 대책 세우기
: ~ :		
: ~ :		
: ~ :		
: ~ :		
: ~ :		
: ~ :		
: ~ :		
: ~ :		
: ~ :		
: ~ :		
: ~ :		
: ~ :		

예상 공부 시간 | 실제 공부 시간 | 목표 달성 비율 0 25 50 75 100

나를 칭찬합니다

D-

암기는 모든 공부의 기본이다. 사고력과 창의력이 중요하다고는 하지만 그것도 암기가 기본 바탕이 되어 있어야만 한다.

오늘 공부 계획

공부할 내용 및 범위	V
	☐
	☐
	☐
	☐

오늘 공부 일지

시작	종료	나만의 학습 시간표	결과 및 대책 세우기
: ~ :			
: ~ :			
: ~ :			
: ~ :			
: ~ :			
: ~ :			
: ~ :			
: ~ :			
: ~ :			
: ~ :			
: ~ :			

예상 공부 시간	실제 공부 시간	목표 달성 비율	0	25	50	75	100

🖋 나를 칭찬합니다

D-

토요일

빠르게 음미하며 정리를 했던 문제들은 기억에 오래 남는다. 즉석에서 하는 단순 반복은 오늘 공부를 오늘만 하게 해주는 비결이다.

오늘 공부 계획

공부할 내용 및 범위   V

	☐
	☐
	☐
	☐

오늘 공부 일지

시작	종료	나만의 학습 시간표	결과 및 대책 세우기
: ~ :			
: ~ :			
: ~ :			
: ~ :			
: ~ :			
: ~ :			
: ~ :			
: ~ :			
: ~ :			
: ~ :			
: ~ :			
: ~ :			

예상 공부 시간   실제 공부 시간   목표 달성 비율   0   25   50   75   100

나를 칭찬합니다

D-

일요일

전자사전 대신 두꺼운 사전을 쓰라는 말의 이유는 나를 고생시킨 단어일수록 기억에 오래 남는다는 원칙 때문이다.

오늘 공부 계획

공부할 내용 및 범위	V
	☐
	☐
	☐
	☐

오늘 공부 일지

시작	종료	나만의 학습 시간표	결과 및 대책 세우기
: ~ :			
: ~ :			
: ~ :			
: ~ :			
: ~ :			
: ~ :			
: ~ :			
: ~ :			
: ~ :			
: ~ :			
: ~ :			

예상 공부 시간	실제 공부 시간	목표 달성 비율	0 25 50 75 100

나를 칭찬합니다

주간 평가

강좌 체크

셀프 체크

강좌명	M	T	W	T	F	S	S

생활 체크

생활방식	M	T	W	T	F	S	S
플래너 출석							
취침 시간							
기상 시간							
운동							

셀프 반성

셀프 칭찬

셀프 격려

셀프 다짐

D-

최상위권이 되고 싶다면 진도 위주의 공부에서 벗어나 사고력 위주의 공부를 해야 한다. 사고력은 '생각하는 시간'이 없으면 절대 길러지지 않는다. 문제를 푸는 과정에서 얼마나 많은 생각을 했느냐? 이것이 핵심이다.

오늘 공부 계획

공부할 내용 및 범위	V
	☐
	☐
	☐
	☐

오늘 공부 일지

시작	종료	나만의 학습 시간표	결과 및 대책 세우기
: ~ :			
: ~ :			
: ~ :			
: ~ :			
: ~ :			
: ~ :			
: ~ :			
: ~ :			
: ~ :			
: ~ :			
: ~ :			

예상 공부 시간   실제 공부 시간   목표 달성 비율 0   25   50   75   100

나를 칭찬합니다

D-

화요일

스스로 문제를 출제해보자. '만약 이 단원에서 어렵게 문제를 낸다면, 나라면 이렇게 낼 것 같다'는 생각이 들 때, 그 개념을 확실히 정리해둔다.

오늘 공부 계획

공부할 내용 및 범위	V
	☐
	☐
	☐
	☐

오늘 공부 일지

시작	종료	나만의 학습 시간표	결과 및 대책 세우기
:	~ :		
:	~ :		
:	~ :		
:	~ :		
:	~ :		
:	~ :		
:	~ :		
:	~ :		
:	~ :		
:	~ :		
:	~ :		

예상 공부 시간	실제 공부 시간	목표 달성 비율	0	25	50	75	100

 나를 칭찬합니다

D-

수요일

오답노트를 만드는 것 자체는 공부가 아니다. 정리된 오답을 다시 한 번 반복하며 고민하는 시간이 공부다.

오늘 공부 계획

공부할 내용 및 범위	V
	☐
	☐
	☐
	☐

오늘 공부 일지

시작	종료	나만의 학습 시간표	결과 및 대책 세우기
: ~ :			
: ~ :			
: ~ :			
: ~ :			
: ~ :			
: ~ :			
: ~ :			
: ~ :			
: ~ :			
: ~ :			
: ~ :			
: ~ :			

예상 공부 시간   실제 공부 시간   목표 달성 비율   0   25   50   75   100

 나를 칭찬합니다

D-

자신감이란 끝없이 노력한 과거의 기억에서 자연스럽게 흘러나오는 감정이다.
시험을 앞두고 있다면, 그동안의 노력들을 기억하자.

오늘 공부 계획

공부할 내용 및 범위	V
	☐
	☐
	☐
	☐

오늘 공부 일지

시작	종료	나만의 학습 시간표	결과 및 대책 세우기
: ~ :			
: ~ :			
: ~ :			
: ~ :			
: ~ :			
: ~ :			
: ~ :			
: ~ :			
: ~ :			
: ~ :			
: ~ :			
: ~ :			

예상 공부 시간	실제 공부 시간	목표 달성 비율	0	25	50	75	100

 나를 칭찬합니다

D-

금요일

공부방에 공부와 관계없는 것들이 놓여 있지 않은 집의 학생들이 공부를 못하는 경우를 본 적이 없다.

오늘 공부 계획

공부할 내용 및 범위	V
	☐
	☐
	☐
	☐

오늘 공부 일지

시작	종료	나만의 학습 시간표	결과 및 대책 세우기
:	~ :		
:	~ :		
:	~ :		
:	~ :		
:	~ :		
:	~ :		
:	~ :		
:	~ :		
:	~ :		
:	~ :		
:	~ :		
:	~ :		

예상 공부 시간   실제 공부 시간   목표 달성 비율 0 25 50 75 100

나를 칭찬합니다

D-

토요일

여러 가지 방법을 써도 정 의욕이 나지 않을 때가 있는데, 이럴 때는 휴식이라는 핑계로 길거리를 방황하지 말고 차라리 일찍 잠들어버리는 것도 좋은 방법이다.

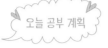

오늘 공부 계획

공부할 내용 및 범위   V

✎ ☐

✎ ☐

✎ ☐

☐

오늘 공부 일지

시작	종료	나만의 학습 시간표	결과 및 대책 세우기
: ~ :			
: ~ :			
: ~ :			
: ~ :			
: ~ :			
: ~ :			
: ~ :			
: ~ :			
: ~ :			
: ~ :			
: ~ :			

예상 공부 시간   실제 공부 시간   목표 달성 비율 0   25   50   75   100

나를 칭찬합니다

D-

일요일

나는 특정 인물을 경쟁자로 의식하기보다는, 서로 공부에 관해 물어보고 고민을 함께 나누는 동행자로 인식하게 되었다. 이런 마음가짐을 가졌을 때 비로소 공부가 편해지는 것을 느꼈다.

 오늘 공부 계획

	공부할 내용 및 범위	V
✎		☐
✎		☐
✎		☐
✎		☐

오늘 공부 일지

시작	종료	나만의 학습 시간표	결과 및 대책 세우기
: ~ :			
: ~ :			
: ~ :			
: ~ :			
: ~ :			
: ~ :			
: ~ :			
: ~ :			
: ~ :			
: ~ :			
: ~ :			
: ~ :			

예상 공부 시간	실제 공부 시간	목표 달성 비율 0 25 50 75 100

 나를 칭찬합니다

주간 평가

 강좌 체크

강좌명	M	T	W	T	F	S	S

생활 체크

생활방식	M	T	W	T	F	S	S
플래너 출석							
취침 시간							
기상 시간							
운동							

 셀프 반성

 셀프 칭찬

 셀프 격려

 셀프 다짐

D-

월요일

친구에게 숙제를 빌려주고, 수행평가를 함께 나누라. 안 그래도 공부는 힘들다.
경쟁까지 하려고 하면 공부가 끝도 없이 힘들어진다.

오늘 공부 계획

공부할 내용 및 범위   V

☐

☐

☐

☐

오늘 공부 일지

시작	종료	나만의 학습 시간표	결과 및 대책 세우기
: ~ :			
: ~ :			
: ~ :			
: ~ :			
: ~ :			
: ~ :			
: ~ :			
: ~ :			
: ~ :			
: ~ :			
: ~ :			
: ~ :			

예상 공부 시간   실제 공부 시간   목표 달성 비율 0   25   50   75   100

나를 칭찬합니다

D-

화요일

하기 싫은 일일수록 어서 빨리 시작하라! 그럼 눈 깜짝할 사이에 절반이나 이뤄져 있을 것이다!

오늘 공부 계획

공부할 내용 및 범위	V
	☐
	☐
	☐
	☐

오늘 공부 일지

시작	종료	나만의 학습 시간표	결과 및 대책 세우기
:	~ :		
:	~ :		
:	~ :		
:	~ :		
:	~ :		
:	~ :		
:	~ :		
:	~ :		
:	~ :		
:	~ :		
:	~ :		
:	~ :		

예상 공부 시간   실제 공부 시간   목표 달성 비율 0   25   50   75   100

 나를 칭찬합니다

D-

수요일

독서를 할 때 다양하게 읽어보고 여러 번 실패도 해보고, 때로는 보석 같은 책을
발견하는 기쁨도 느껴보라.

오늘 공부 계획

공부할 내용 및 범위	V
	☐
	☐
	☐
	☐

오늘 공부 일지

시작	종료	나만의 학습 시간표	결과 및 대책 세우기
: ~ :			
: ~ :			
: ~ :			
: ~ :			
: ~ :			
: ~ :			
: ~ :			
: ~ :			
: ~ :			
: ~ :			
: ~ :			
: ~ :			

예상 공부 시간	실제 공부 시간	목표 달성 비율	0 25 50 75 100

 나를 칭찬합니다

D-

목요일

인간인 이상 실패 없이 꾸준하게 뭔가를 하는 것은 불가능하다는 사실을 미리 염두에 두고, 거기에 맞는 대비책을 세우는 것이 현명한 방법이다.

오늘 공부 계획

공부할 내용 및 범위   V

☐

☐

☐

☐

오늘 공부 일지

시작	종료	나만의 학습 시간표	결과 및 대책 세우기
: ~ :			
: ~ :			
: ~ :			
: ~ :			
: ~ :			
: ~ :			
: ~ :			
: ~ :			
: ~ :			
: ~ :			
: ~ :			

예상 공부 시간   실제 공부 시간   목표 달성 비율 0 25 50 75 100

 나를 칭찬합니다

D-

어떤 친구는 공부를 할 때 반복하지 않았다. 한 권의 책을 깊이 있게 공부하기보다는, 넓고 얕게 아는 것을 좋아했다. 그렇게 공부하니 문제를 풀 때마다 헷갈리는 것이 당연했다.

오늘 공부 계획

공부할 내용 및 범위	V
	☐
	☐
	☐
	☐

오늘 공부 일지

시작	종료	나만의 학습 시간표	결과 및 대책 세우기
: ~ :			
: ~ :			
: ~ :			
: ~ :			
: ~ :			
: ~ :			
: ~ :			
: ~ :			
: ~ :			
: ~ :			
: ~ :			

예상 공부 시간   실제 공부 시간   목표 달성 비율 0 25 50 75 100

나를 칭찬합니다

D-

토요일

아무도 처음부터 완벽하지 않다. 다들 그렇게 시도하고 좌절하고 또 시도하면서 조금씩 발전하는 것이다. 나 역시 그랬고 당신 역시 계속해서 나아질 것이다.

 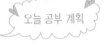 오늘 공부 계획

공부할 내용 및 범위	V
	☐
	☐
	☐
	☐

 오늘 공부 일지

시작	종료	나만의 학습 시간표.	결과 및 대책 세우기
: ~ :			
: ~ :			
: ~ :			
: ~ :			
: ~ :			
: ~ :			
: ~ :			
: ~ :			
: ~ :			
: ~ :			
: ~ :			

예상 공부 시간	실제 공부 시간	목표 달성 비율 0 25 50 75 100

나를 칭찬합니다

D-

일요일

애초에 당신이 할 수 있는 만큼만 계획해라. 그리고 마감까지 반드시 끝내라.

오늘 공부 계획

공부할 내용 및 범위	V
	☐
	☐
	☐
	☐

오늘 공부 일지

시작	종료	나만의 학습 시간표	결과 및 대책 세우기
: ~ :			
: ~ :			
: ~ :			
: ~ :			
: ~ :			
: ~ :			
: ~ :			
: ~ :			
: ~ :			
: ~ :			
: ~ :			
: ~ :			

예상 공부 시간   실제 공부 시간   목표 달성 비율 0 25 50 75 100

나를 칭찬합니다

주간 평가

 강좌 체크

강좌명	M	T	W	T	F	S	S

생활 체크

생활방식	M	T	W	T	F	S	S
플래너 출석							
취침 시간							
기상 시간							
운동							

 셀프 반성

 셀프 칭찬

 셀프 격려

 셀프 다짐

[　　　] 시험 결과

시험과목	총점	정답 문항	오답 문항	모르는 문항	난이도	상승/하락	목표 점수
					상·중·하		
					상·중·하		
					상·중·하		
					상·중·하		
					상·중·하		
					상·중·하		
					상·중·하		
					상·중·하		
					상·중·하		
					상·중·하		
					상·중·하		
					상·중·하		
					상·중·하		
					상·중·하		
					상·중·하		

과목 총점  과목 평균

과목별 점수 막대 그래프

100													
95													
90													
85													
80													
70													
60													
50													
과목													

자랑할 과목	체면유지 과목	죄송한 과목

반성할 점	이번 시험 총평

[　　　] 시험 결과

시험과목	총점	정답 문항	오답 문항	모르는 문항	난이도	상승/하락	목표 점수
					상·중·하		
					상·중·하		
					상·중·하		
					상·중·하		
					상·중·하		
					상·중·하		
					상·중·하		
					상·중·하		
					상·중·하		
					상·중·하		
					상·중·하		
					상·중·하		
					상·중·하		
					상·중·하		

과목 총점   과목 평균

과목별 점수 막대 그래프

100												
95												
90												
85												
80												
70												
60												
50												
과목												

자랑할 과목	체면유지 과목	죄송한 과목

반성할 점	이번 시험 총평

[　　　] 시험 결과

시험과목	총점	정답 문항	오답 문항	모르는 문항	난이도	상승/하락	목표 점수
					상·중·하		
					상·중·하		
					상·중·하		
					상·중·하		
					상·중·하		
					상·중·하		
					상·중·하		
					상·중·하		
					상·중·하		
					상·중·하		
					상·중·하		
					상·중·하		
					상·중·하		
					상·중·하		
					상·중·하		

과목 총점 과목 평균

과목별 점수 막대 그래프

100												
95												
90												
85												
80												
70												
60												
50												
과목												

자랑할 과목	체면유지 과목	죄송한 과목

반성할 점	이번 시험 총평

To. 6개월 동안 수고한 나에게

바바파파 스크랩북 스터디 다이어리

초판 1쇄 인쇄 2018년 7월 18일

초판 1쇄 발행 2018년 7월 25일

지은이 박철범

펴낸이 김선식

경영총괄 김은영

기획 윤세미 **책임편집** 강경선 **책임마케터** 이고은, 기명리

콘텐츠개발3팀장 윤세미 **콘텐츠개발3팀** 심아경, 강경선, 박화수

마케팅본부 이주화, 정명찬, 최혜령, 이고은, 김은지, 유미정, 배시영, 기명리, 김민수

전략기획팀 김상윤 **저작권팀** 최하나, 추숙영

경영관리팀 허대우, 권송이, 윤이경, 임해랑, 김재경, 한유현

펴낸곳 다산북스 **출판등록** 2005년 12월 23일 제313-2005-00277호

주소 경기도 파주시 회동길 357 3층

전화 02-704-1724 **팩스** 02-322-5717 **이메일** dasanbooks@dasanbooks.com

홈페이지 www.dasanbooks.com **블로그** blog.naver.com/dasan_books

종이 한솔피엔에스 **출력·인쇄** 갑우문화사

ISBN 979-11-306-1802-9 (13190)

다산북스(DASANBOOKS)는 독자 여러분의 책에 관한 아이디어와 원고 투고를 기쁜 마음으로 기다리고 있습니다.
책 출간을 원하는 아이디어가 있으신 분은 이메일 dasanbooks@dasanbooks.com 또는 다산북스 홈페이지
'투고 원고'란으로 간단한 개요와 취지, 연락처 등을 보내 주세요. 머뭇거리지 말고 문을 두드리세요.